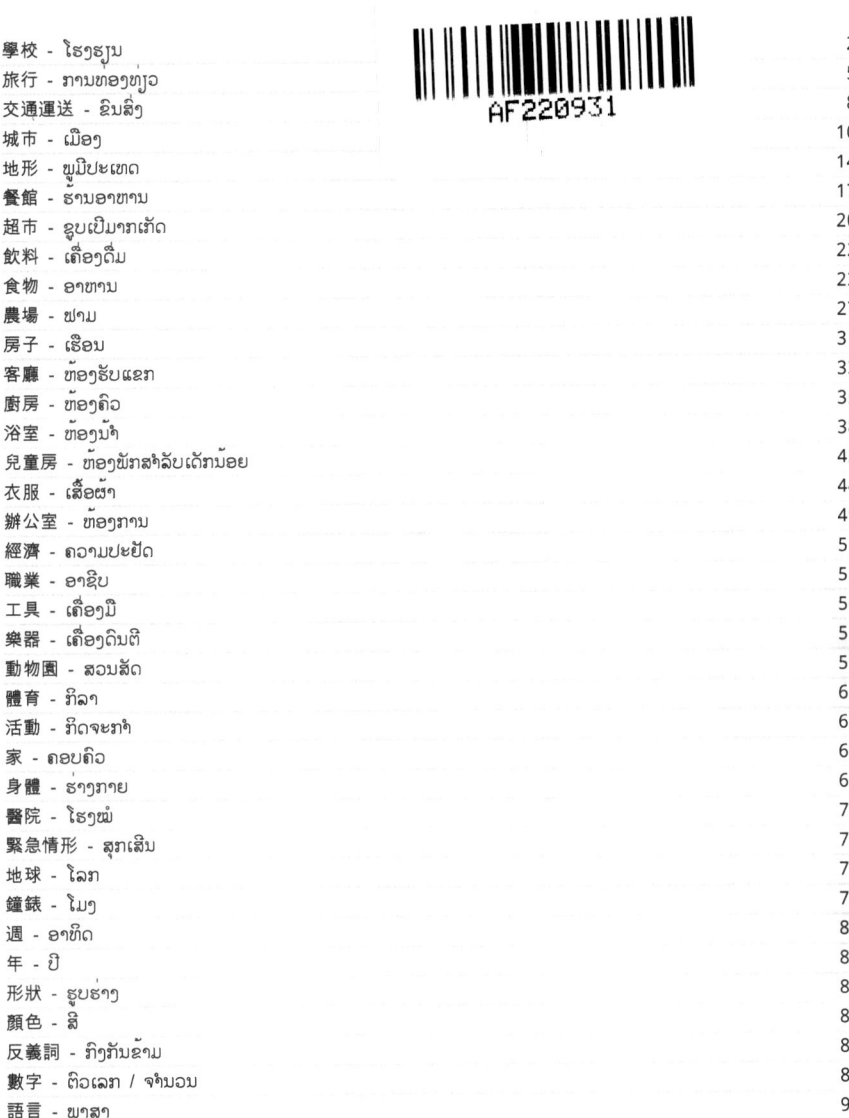

Impressum
Verlag: BABADADA GmbH, Nedderfeld 112 , 22529 Hamburg
Geschäftsführer / Verlagsleitung: Harald Hof
Druck: Books on Demand GmbH, In de Tarpen 42, 22848 Norderstedt

Imprint
Publisher: BABADADA GmbH, Nedderfeld 112 , 22529 Hamburg, Germany
Managing Director / Publishing direction: Harald Hof
Print: Books on Demand GmbH, In de Tarpen 42, 22848 Norderstedt

學校
ໂຮງຮຽນ

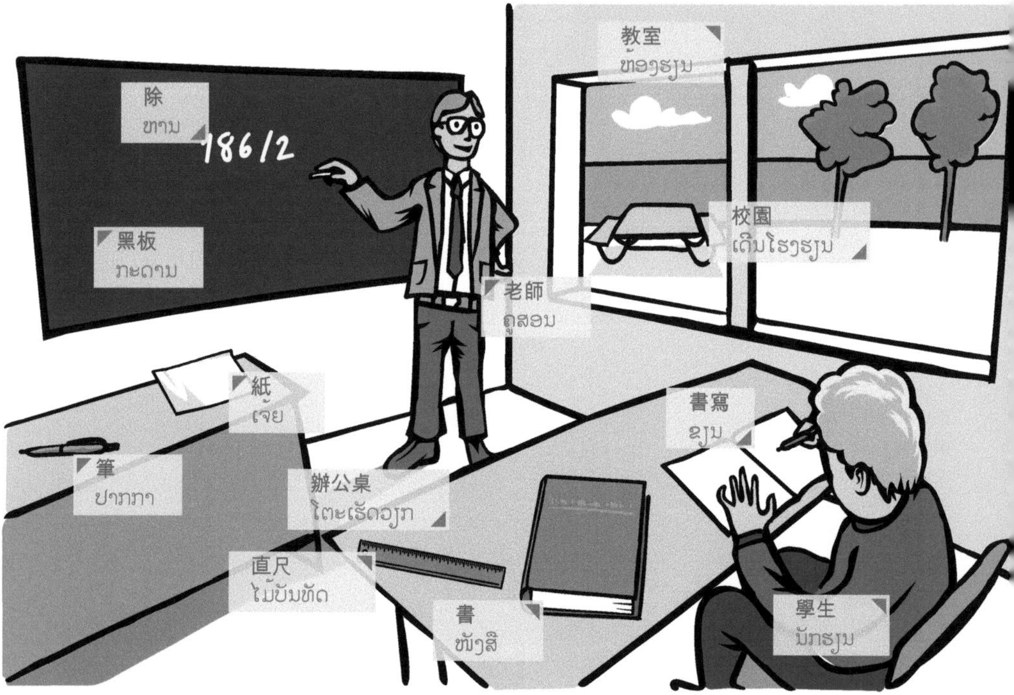
教室
ຫ້ອງຮຽນ
除
ຫານ
186/2
黑板
ກະດານ
校園
ເດີ່ນໂຮງຮຽນ
老師
ຄູສອນ
紙
ເຈ້ຍ
書寫
ຂຽນ
筆
ປາກກາ
辦公桌
ໂຕະເຮັດວຽກ
直尺
ໄມ້ບັນທັດ
書
ໜັງສື
學生
ນັກຮຽນ

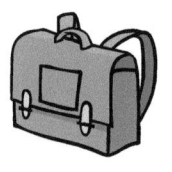

書包
ກະເປົາໃສ່ປຶ້ມທີ່ມີສາຍພາຍ

鉛筆盒
ກັບສໍດຳ

鉛筆
ສໍດຳ

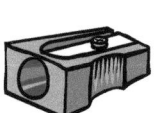

削鉛筆機
ເຄື່ອງແຫຼມສໍ

橡皮擦
ຢາງລຶບ

畫板
ສະໝຸດແຕ້ມຮູບ

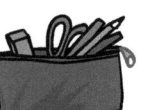

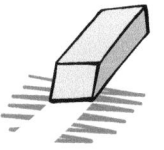

圖畫
ພາບວາດ

畫筆
ແປງທາສີ

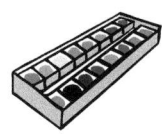

顏料盒
ກ່ອງສີ

剪刀
ມີດຕັດ

膠水
ກາວ

練習冊
ປຶ້ມເຝິກຫັດ

家庭作業
ວຽກບ້ານ

12

數字
ຕົວເລກ

2+2

加
ບວກ

5-2

減
ລົບ

2×2

乘
ຄູນ

計算
ຄິດໄລ່

A

字母
ຕົວອັກສອນ

ABCDEFG HIJKLMN OPQRSTU VWXYZ

字母表
ພະຍັນຊະນະ

字
ຄຳສັບ

課文
ຂໍ້ຄວາມ

讀
ອ່ານ

粉筆
ສໍຂາວ

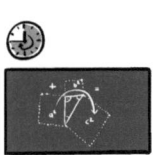

上課
ບົດຮຽນ

登記
ລົງທະບຽນ

考試
ການສອບເສັງ

證書
ໃບຢັ້ງຢືນ

校服
ຊຸດນັກຮຽນ

教育
ການສຶກສາ

百科全書
ປຶ້ມຮວບຮວມຄວາມຮູ້ສາລະພັດ

大學
ມະຫາວິທະຍາໄລ

顯微鏡
ກ້ອງຈຸລະທັດ

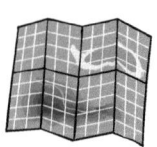

地圖
ແຜນທີ່

廢紙簍
ກະຕ່າໃສ່ເສດເຈ້ຍ

旅行

ການທ່ອງທ່ຽວ

飯店
ໂຮງແຮມ
Grand
青年旅社
ໂຮສເທລ
ROOMS
EXCHANGE
外幣兌換處
ບ່ອນແລກປ່ຽນເງິນຕາ
手提箱
ກະເປົ໋າເດີນທາງ
汽車
ລົດຍົນ

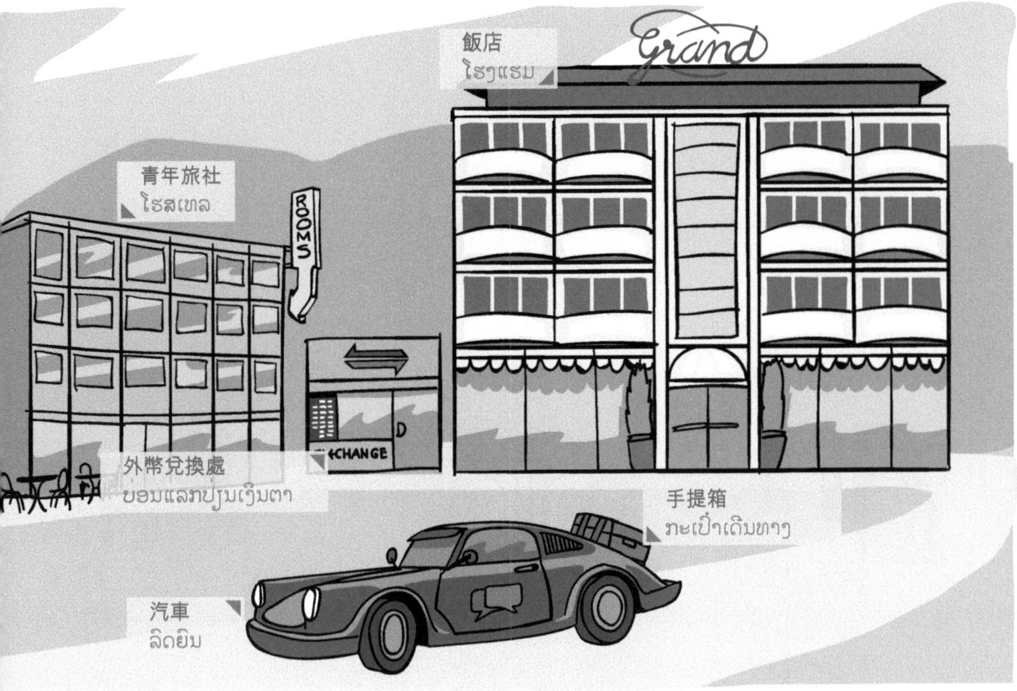

語言

ພາສາ

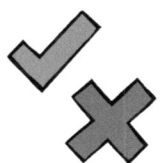

是/否

ແມ່ນ / ບໍ່ແມ່ນ

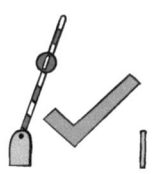

好的

ຕົກລົງ

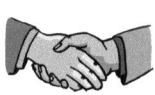

您好

ສະບາຍດີ

翻譯人員

ນັກແປພາສາ

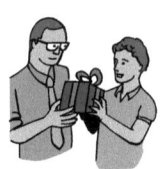

謝謝

ຂອບໃຈ

……多少錢？
ລາຄາເທົ່າໃດ...?

我不明白
ຂ້ອຍບໍ່ເຂົ້າໃຈ

問題
ບັນຫາ

晚上好！
ສະບາຍດີຕອນແລງ!

早上好！
ສະບາຍດີຕອນເຊົ້າ!

晚安！
ລາຕິສະຫວັດ

再見
ລາກ່ອນ

方向
ທິດທາງໆ

行李
ກະເປົ໋າເດີນທາງໆ

包
ກະເປົ໋າ

背包
ກະເປົ໋າພາຍຫຼັງ

客人
ແຂກ

房間
ຫ້ອງ

睡袋
ຖົງໃສເຄື່ອງນອນ

帳篷
ເຕັ້ນ

旅行資訊
ຂໍ້ມູນນັກທ່ອງທ່ຽວ

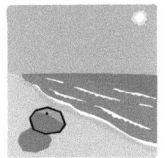

海灘
ຫາຍຫາດ

信用卡
ບິດເຄຣດິດ

早餐
ອາຫານເຊົ້າ

午餐
ອາຫານທ່ຽງ

晚餐
ອາຫານແລງ

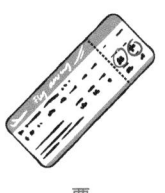

票
ປີ້

電梯
ລິຟ

郵票
ສະແຕມ

邊界
ພິມແດນ

海關
ພາສີ

大使館
ສະຖານທູດ

簽證
ວິຊາ

護照
ໜັງສືຜ່ານແດນ

交通運送
ຂົນສົ່ງ

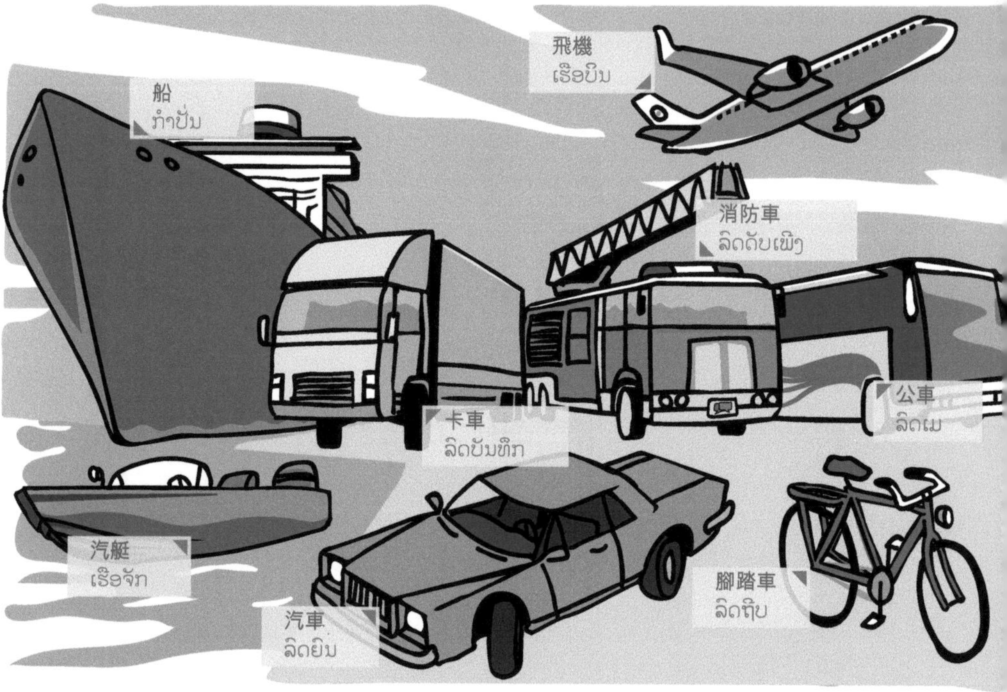
飛機
ເຮືອບິນ
船
ກຳປັ່ນ
消防車
ລົດດັບເພີງ
公車
ລົດເມ
卡車
ລົດບັນທຸກ
汽艇
ເຮືອຈັກ
腳踏車
ລົດຖີບ
汽車
ລົດຍົນ

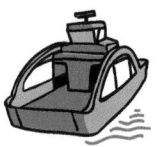

渡輪

ເຮືອຂ້າມຟາກ

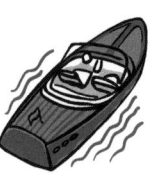

小船

ເຮືອ

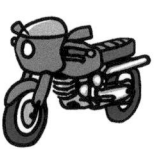

機車

ລົດຈັກ

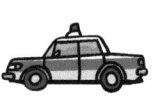

警車

ລົດຕຳຫຼວດ

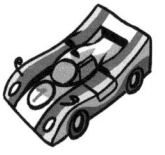

賽車

ລົດແຂ່ງ

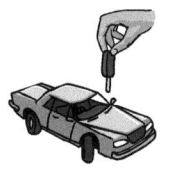

租車

ລົດເຊົ່າ

拼車
ການແບ່ງປັນກັບໃຊ້ລົດ

拖車
ລົດລາກ

垃圾車
ລົດຂົນຂີ້ເຫຍື້ອ

馬達
ເຄື່ອງຍົນ

汽油
ເຊື້ອໄຟ

加油站
ປ້ຳນ້ຳມັນ

交通標識
ປ້າຍຈາລະຈອນ

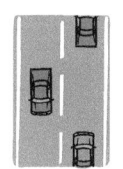

交通
ການຈາລະຈອນ

交通堵塞
ການຈາລະຈອນຕິດຂັດ

停車場
ບ່ອນຈອດລົດ

火車站
ສະຖານີລົດໄຟ

軌道
ລາງລົດໄຟ

火車
ລົດໄຟ

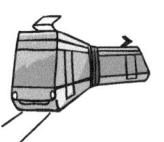

路面電車
ລົດລາງ

客車廂
ຕູ້ລົດໄຟ

直升機

ເຮລິຄອບເຕີ

機場

ສະໜາມບິນ

塔

ຫໍຄອຍ

乘客

ຜູ້ໂດຍສານ

集裝箱

ຕູ້ບັນຈຸສິນຄ້າ

紙板箱

ກ່ອງເຈ້ຍ

手推車

ກວຽນ

籃子

ກະຕ່າ

起飛/降落

ເຮືອບິນຂຶ້ນ / ເຮືອບິນລົງຈອດ

城市
ເມືອງ

村莊

ບ້ານ

市中心

ໃຈກາງເມືອງ

房子

ເຮືອນ

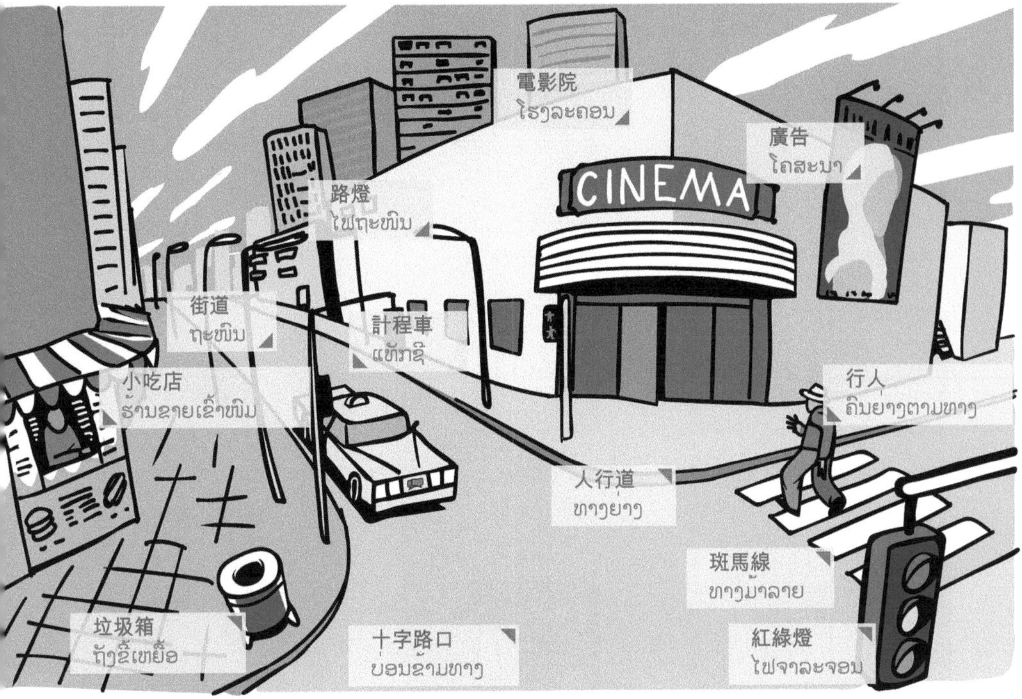

電影院
ໂຮງລະຄອນ
廣告
ໂຄສະນາ
CINEMA
路燈
ໄຟຖະໜົນ
街道
ຖະໜົນ
計程車
ແທັກຊີ
小吃店
ຮ້ານຂາຍເຂົ້າໜົມ
行人
ຄົນຍ່າງຕາມທາງ
人行道
ທາງຍ່າງ
斑馬線
ທາງມ້າລາຍ
垃圾箱
ຖັງຂີ້ເຫຍື້ອ
十字路口
ບ່ອນຂ້າມທາງ
紅綠燈
ໄຟຈາລະຈອນ

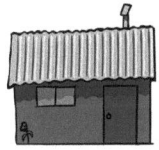

小屋

ຕູບ

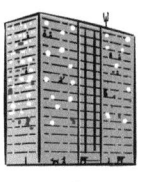

公寓

ແຟລດ

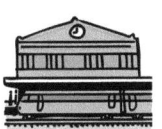

火車站

ສະຖານີລົດໄຟ

市政廳

ໂຮງການເມືອງ

MUSEUM

博物館

ຫໍພິພິດຕະພັນ

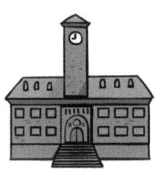

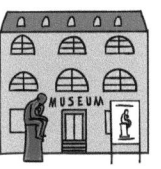

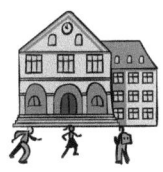

學校

ໂຮງຮຽນ

大學

ມະຫາວິທະຍາໄລ

銀行

ທະນາຄານ

醫院

ໂຮງໝໍ

飯店

ໂຮງແຮມ

藥房

ຮ້ານຂາຍຢາ

辦公室

ຫ້ອງການ

書店

ຮ້ານຂາຍໜັງສື

商店

ຮ້ານຄ້າ

花店

ຮ້ານຂາຍດອກໄມ້

超市

ຊຸບເປີມາກເກັດ

市場

ຕະຫຼາດ

百貨商店

ຫ້າງສັບພະສິນຄ້າ

魚店

ຮ້ານຂາຍປາ

購物中心

ສູນການຄ້າ

海港

ທ່າເຮືອ

公園
ສວນສາທາລະນະ

長凳
ແປ້ນມ້າ

橋
ຂົວ

樓梯
ຂັ້ນໃດ

捷運
ລົດໄຟໃຕ້ດິນ

隧道
ອຸໂມງ

公車站
ປ້າຍລົດເມ

酒吧
ຮ້ານຂາຍເຫຼົ້າ

餐館
ຮ້ານອາຫານ

郵筒
ຕູ້ໄປສະນີ

路標
ປ້າຍຊື່ຖະໜົນ

停車計時器
ມິເຕີເກັບຄ່າຈອດລົດ

動物園
ສວນສັດ

游泳池
ສະລອຍນ້ຳ

清真寺
ວັດມຸດສະລິມ

農場
ຟາມ

污染
ມົນລະພິດ

墓地
ສຸສານ

教堂
ໂບດ

操場
ເດິນຫຼິ້ນຂອງເດັກນ້ອຍ

寺廟
ວັດມຸດສະລິມ

地形
ພູມິປະເທດ

樹葉
ໃບໄມ້

指示牌
ປ້າຍບອກທາງ

路
ທາງ

草地
ທົ່ງຫຍ້າ

石頭
ກ້ອນຫິນ

樹
ຕົ້ນໄມ້

徒步旅行者
ນັກເດິນທາງໄກດ້ວຍການຍ່າງ

河
ແມ່ນ້ຳ

草
ຫຍ້າ

花
ດອກໄມ້

峽谷
ຮ່ອມພູ

丘陵
ເນີນເຂົາ

湖
ທະເລສາບ

森林
ປ່າ

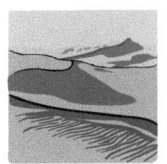

沙漠
ທະເລຊາຍ

火山
ພູເຂົາໄຟ

城堡
ທຳປະສາດ

彩虹
ຮຸ້ງກິນນ້ຳ

蘑菇
ເຫັດ

棕櫚樹
ຕົ້ນປາມ

蚊子
ຍຸງ

蒼蠅
ແມງວັນ

螞蟻
ມົດ

蜜蜂
ເຜິ້ງ

蜘蛛
ແມງມຸມ

甲蟲

ແມງປີກແຂງ

青蛙

ກົບ

松鼠

ກະຮອກ

刺蝟

ເໝັ້ນ

野兔

ກະຕ່າຍປ່າ

貓頭鷹

ນົກເຄົ້າ

鳥

ນົກ

天鵝

ຫ່ງ

野豬

ໝູປ່າຕົວຜູ້

鹿

ກວາງ

麋鹿

ກວາງໃຫຍ່

水壩

ເຂື່ອນ

風力發電機

ໜາກາປິ່ນ

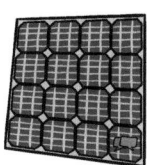

太陽能電池板

ແຜງໂຊລາເຊລ

氣候

ສະພາບອາກາດ

餐館
ຮານອາຫານ

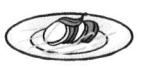

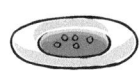

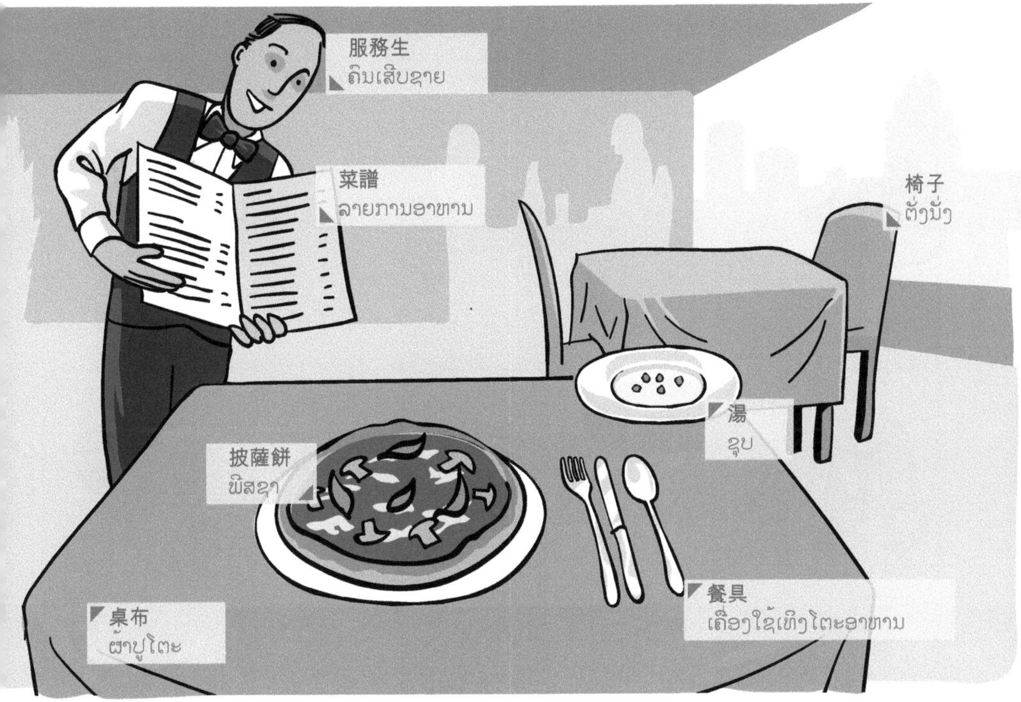
服務生
ຄົນເສີບຊາຍ
菜譜
ລາຍການອາຫານ
椅子
ຕັ່ງນັ່ງ
湯
ຊຸບ
披薩餅
ພິສຊາ
餐具
ເຄື່ອງໃຊ້ເທິງໂຕະອາຫານ
桌布
ຜ້າປູໂຕະ

前菜

ອາຫານເລີ່ມຕົ້ນ

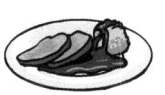

主菜

ອາຫານຈານຫຼັກ

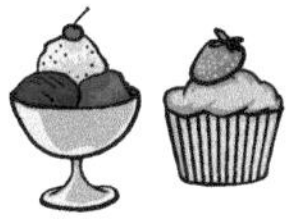

甜點

ຂອງຫວານ

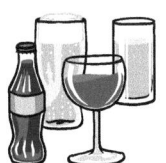

飲料

ເຄື່ອງດື່ມ

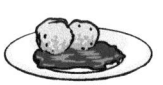

食物

ອາຫານ

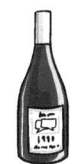

瓶子

ຂວດແກ້ວ

速食
ອາຫານຈານດ່ວນ

街邊小吃
ຮ້ານຂາງທາງ

茶壺
ເຕົ້ານ້ຳຊາ

糖盒
ຖ້ວຍນ້ຳຕານ

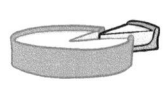

一份飯菜
ສ່ວນແບ່ງອາຫານສຳລັບໜຶ່ງຄົນ

義式咖啡機
ເຄື່ອງຊົງກາເຟເອສເປຣໂຊ

高腳椅
ເກົ້າອີ້ສູງ

帳單
ໃບເກັບເງິນ

托盤
ຖາດ

刀
ມີດ

餐叉
ສ້ອມ

勺子
ບ່ວງ

茶匙
ຊ້ອນຊາ

餐巾
ຜ້າເຊັດປາກຢູ່ໂຕະອາຫານ

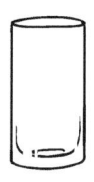

玻璃杯
ຈອກແກ້ວ

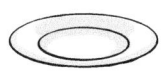

碟子

จาน

湯盤

จานຊຸບ

碟子

จานຮອງ

醬

ຊอส

鹽瓶

ກะປຸກເກືอ

胡椒研磨罐

ກະປຸກพิກໄທ

醋

ນ້ຳສົ້ມສາຍຊູ

食用油

ນ້ຳມັນພืด

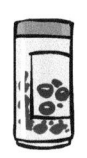

調味料

ເຄื່ອງເທດ

番茄醬

ຊอสໝາກເຂือ

芥末

ໝັກຈ້ำพอກผັກກາດ

美乃滋

ມายอมເບส

超市

ຊຸບເປີມາກເກັດ

特價
ຂໍ້ສະເໜີພິເສດ
FOR
顧客
ລູກຄ້າ
乳製品
ຜະລິດຕະພັນທີ່ເຮັດຈາກນົມ
水果
ໝາກໄມ້
購物車
ລົດຊຸກ

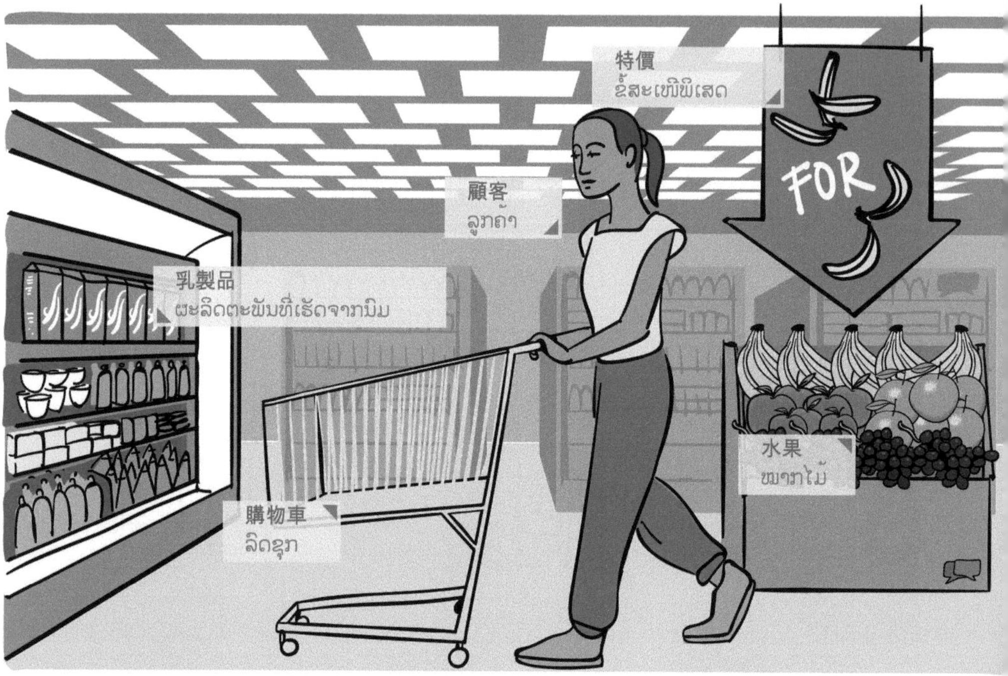

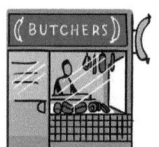

BUTCHERS

肉鋪

ຮ້ານຂາຍຊີ້ນ

BAKERY

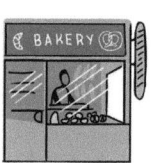

麵包店

ຮ້ານຂາຍເຂົ້າໜົມປັງ

稱重

ຊັ່ງນ້ຳໜັກ

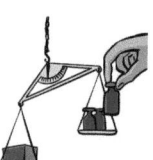

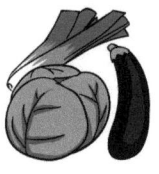

蔬菜

ຜັກ

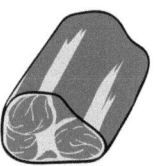

肉

ຊີ້ນ

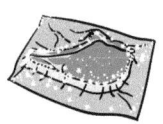

冷凍食品

ອາຫານແຊ່ແຂງ

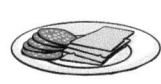

冷盤
ອຶ້ມເຢັນ

罐頭食品
ອາຫານກະປ໋ອງ

洗衣粉
ແຟບຊັກເຄື່ອງ

甜食
ເຂົ້າໜົມຫວານ

日用品
ຜະລິດຕະພັນໃນຄົວເຮືອນ

清潔用品
ຜະລິດຕະພັນທຳຄວາມສະອາດ

銷售員
ພະນັກງານຂາຍຍ່ງ

收銀機
ເຄື່ອງຄິດເງິນ

收銀員
ພະນັກງານເກັບສິດ

購物清單
ລາຍການຊື້ເຄື່ອງ

開放時間
ເວລາເປີດເຮັດວຽກ

錢包
ກະເປົ໋າເງິນ

信用卡
ບັດເຄຣດິດ

袋子
ຖົງ

塑膠袋
ຖົງຢາງ

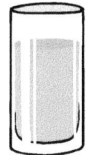

水
ນ້ຳ

果汁
ນ້ຳໝາກໄມ້

牛奶
ນົມ

可樂
ໂຄກ

紅酒
ວາຍ

啤酒
ເບຍ

酒
ເຫຼົ້າ

可可
ໂກໂກ້

茶
ຊາ

咖啡
ກາເຟ

義式濃縮咖啡
ເອສເປຣສໂຊ

卡布奇諾
ຄາປູຊິໂນ

香蕉

ໝາກກ້ວຍ

蘋果

ແອັບເປິ້ມ

柳丁

ໝາກກ້ຽງ

西瓜

ໝາກໂມ

檸檬

ໝາກນາວ

胡蘿蔔

ຫົວກະຮິດ

大蒜

ຜັກທຽມ

竹子

ຕົ້ນໄຜ່

洋蔥

ຫອມບົ່ວ

蘑菇

ເຫັດ

堅果

ຖົ່ວ

麵條

ເສັ້ນໝີ່

義大利麵
ສະປາແກັດຕີ້

米飯
ເຂົ້າ

沙拉
ສະຫຼັດ

薯條
ມັນຝລັ່ງທອດ

炸馬鈴薯
ມັນຝລັ່ງທອດ

披薩餅
ພິສຊາ

漢堡
ແຮມເບີເກີ້

三明治
ແຊນວິດຈ໌

炸豬排
ຊີ້ນຕິດກະດູກ

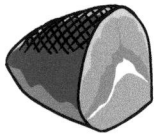

火腿
ແຮມ

義大利臘腸
ໄສ້ກອກແຫ້ງຊາລາມິ

香腸
ໄສ້ກອກ

雞肉
ໄກ່

烤肉
ຍ່າງ

魚
ປາ

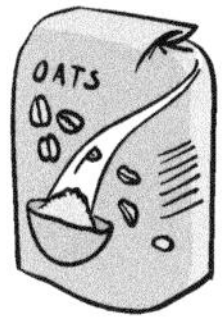

燕麥片

ເຂົ້າປຽກເຂົ້າໂອດ

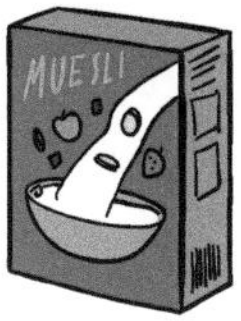

木斯里

ອາຫານຊະນິດເປັນເມັດກອບ

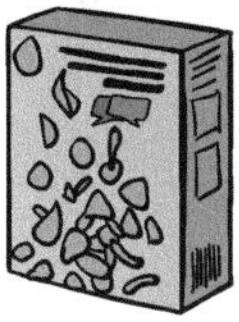

玉米片

ເຂົ້າຊຽບເປັນປ່ຽງນ້ອຍໆ

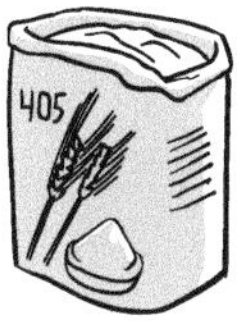

麵粉

ເຂົ້າແປ້ງ

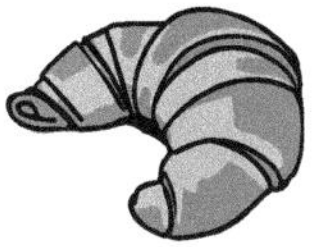

牛角麵包

ເຂົ້າຈີ່ຊະນິດໜຶ່ງມີຮູບເດືອນເຄິ່ງ
ໜວຍ

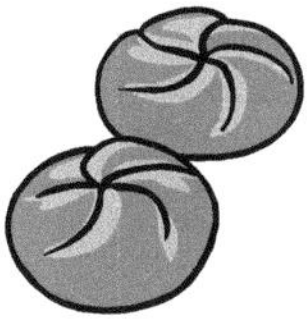

麵包捲

ເຂົ້າໜົມປັງແບບມ້ວນ

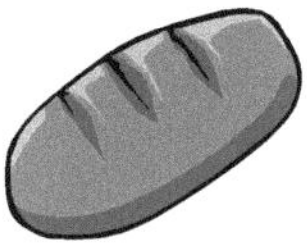

麵包

ເຂົ້າໜົມປັງ

吐司

ເຂົ້າໜົມປັງປີ້ງ

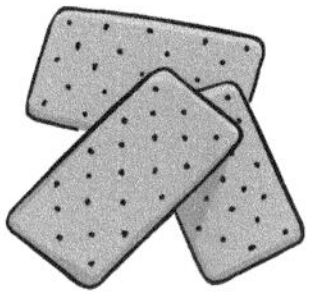

餅乾

ເຂົ້າໜົມປັງຊະນິດກ້ອນນ້ອຍ

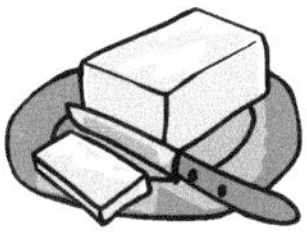

奶油

ເນີຍ

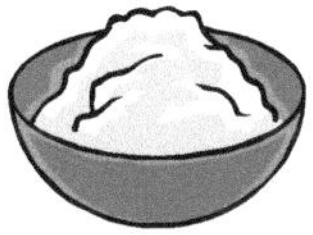

凝乳

ນ້ຳນົມແຂ້ນ

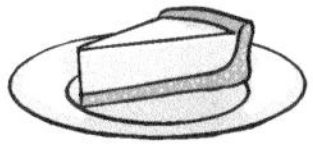

蛋糕

ເຄກ

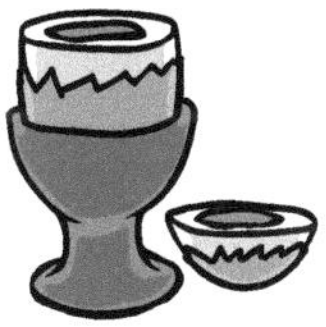

蛋

ໄຂ່

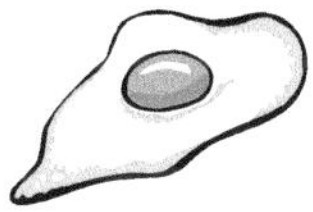

煎蛋

ໄຂ່ດາວ

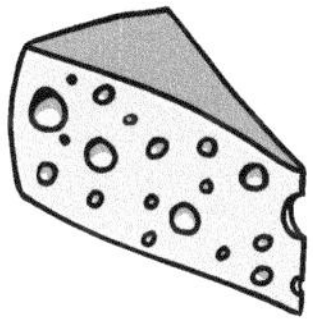

起司

ເນີຍແຂງ

冰淇淋

ກະແລ້ມ

糖

ນ້ຳຕານ

蜂蜜

ນ້ຳເຜີ້ງ

果醬

ແຍມ

巧克力醬

ຊ້ອກໂກແລັດຄຣີມສະເປຣດ

咖哩

ກະລີ່

農舍
ເຮືອນໃນຟາມ

糧倉
ສາງທີ່ໃຊ້ເປັນບ່ອນເກັບໂອ້ເຟືອງເຂົ້າໃນຟາມ

稻草捆
ມັດເຟືອງ

田野
ທົ່ງນາ

馬
ມ້າ

拖車
ລົດພ່ວງ

馬駒
ລູກມ້າ

拖拉機
ລົດແທັກເຕີ້

驢
ລາ

羔羊
ລູກແກະ

羊
ແກະ

山羊
ແກະ

奶牛
ງົວຕົວແມ່

小牛
ລູກງົວ

豬
ໝູ

小豬
ລູກໝູ

公牛
ງົວຕົວຜູ້

鵝
ຫ່ານ

鴨
ເປັດ

小雞
ລູກໄກ່

母雞
ແມ່ໄກ່

公雞
ໄກ່ຜູ້

鼠
ໜູ

貓
ແມວ

老鼠
ໜູ

牛
ງົວຕົວຜູ້

狗
ໝາ

狗屋
ຄອກໝາ

花園澆水軟管
ສາຍທໍ່ຍາງທີ່ໃຊ້ໃນສວນ

澆水壺
ຖັງຫົດຕົ້ນໄມ້

長柄大鐮刀
ກ່ຽວດ້າມຍາວ

犁
ຄັນໄຖ

鐮刀
ກຽວ

鋤頭
ຈົກ

長柄草耙
ຄາດ

斧頭
ຂວານ

獨輪手推車
ລົດຍູ້ລໍ້ດຽວ

飼料槽
ທາງລົມ

牛奶罐
ປ້ອງນົມ

麻布袋
ກະສອບ

柵欄
ຮົ້ວ

馬廄
ຄອກມ້າ

溫室
ເຮືອນກະຈົກ

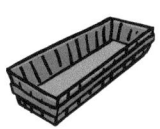

土壤
ດິນ

種子
ແກ່ນ

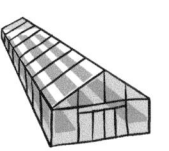

肥料
ປຸ໋ຍ

聯合收割機
ເຄື່ອງກ່ຽວເຂົ້າ

收割

ເກັບກ່ຽວ

收割

ການເກັບກ່ຽວ

地瓜

ເຜືອກ

小麥

ເຂົ້າສາລີ

大豆

ຖົ່ວເຫຼືອງ

土豆

ມັນຝັ່ງ

玉米

ເຂົ້າໂພດ

油菜籽

ດອກເຣພຊິດ

果樹

ຕົ້ນໄມ້ທີ່ອອກໝາກ

樹薯

ມັນຕົ້ນ

穀物

ພືດຊະນິດເມັດ

房子
ເຮືອນ

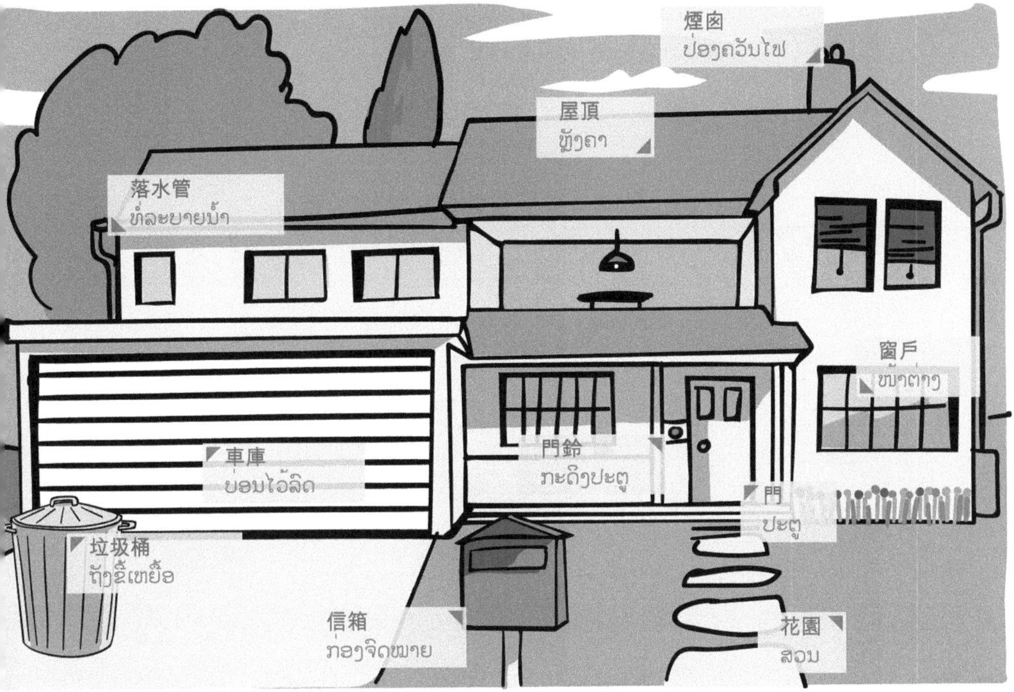

煙囪
ປ່ອງຄວັນໄຟ
屋頂
ຫຼັງຄາ
落水管
ທໍ່ລະບາຍນ້ຳ
窗戶
ໜ້າຕ່າງ
車庫
ບ່ອນໄວ້ລົດ
門鈴
ກະດິ່ງປະຕູ
門
ປະຕູ
垃圾桶
ຖັງຂີ້ເຫຍື້ອ
信箱
ກອງຈົດໝາຍ
花園
ສວນ

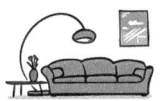

客廳
ຫ້ອງຮັບແຂກ

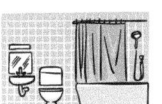

浴室
ຫ້ອງນ້ຳ

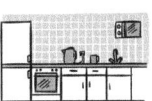

廚房
ຫ້ອງຄົວ

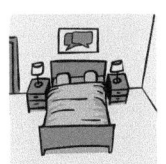

臥室
ຫ້ອງນອນ

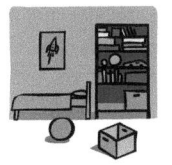

兒童房
ຫ້ອງພັກສຳລັບເດັກນ້ອຍ

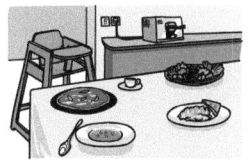

餐廳
ຫ້ອງອາຫານ

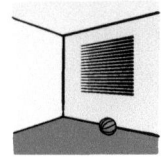

地板
พื้น

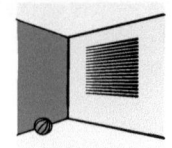

牆壁
ฝาผะหนัง

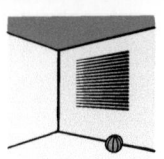

天花板
เพดาน

地窖
ข้องเก็บเถื่องใต้ดิน

三溫暖
ข้องอົบอາยน้ำ

陽臺
ละบຽງ

露臺
ຊ้ຸนตามຊ້ານພູ

游泳池
สะลอยน้ำ

割草機
เถื่องตัดขย้า

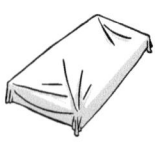

被單
ผ้າปูບ່ອມມອນ

床罩
ผ้າปูຕຽງ

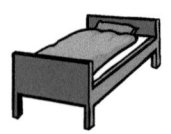

床
ຕຽງ

掃帚
ฟ່ອย

水桶
ຖຸ

開關
สะอิด

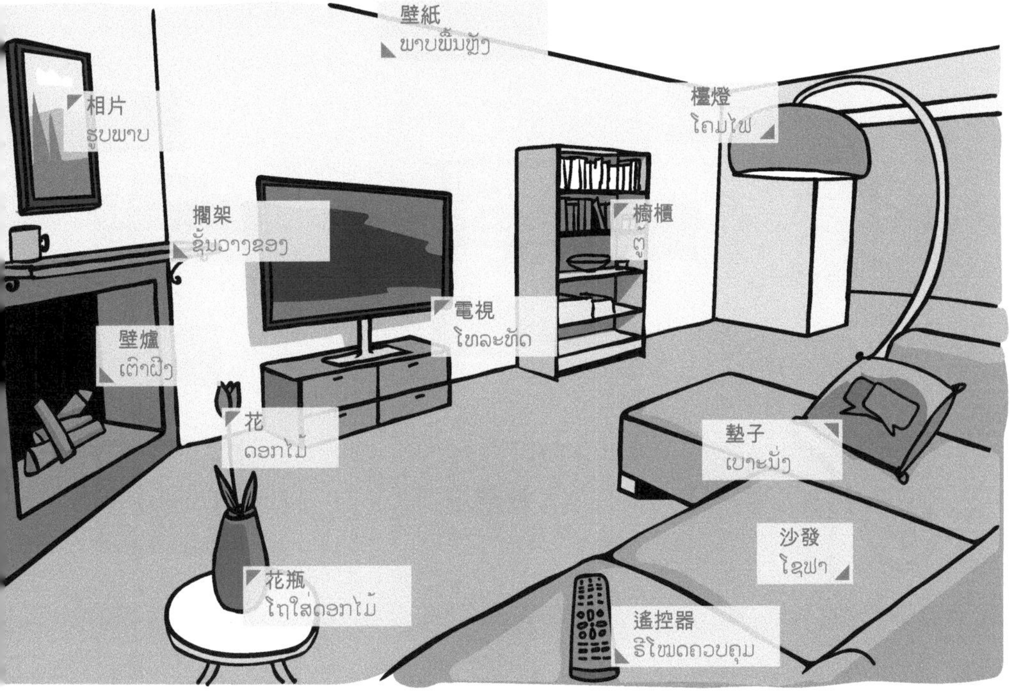

壁紙
ພາບພິມຝ້າ

相片
ຮູບພາບ

檯燈
ໂຄມໄຟ

擱架
ຊັ້ນວາງຂອງ

櫥櫃
ຕູ້

壁爐
ເຕົາຜີງ

電視
ໂທລະທັດ

花
ດອກໄມ້

墊子
ເບາະນັ່ງ

沙發
ໂຊຟາ

花瓶
ໂຖໃສ່ດອກໄມ້

遙控器
ຣີໂໝດຄອບຄຸມ

地毯
ພົມປູພື້ນ

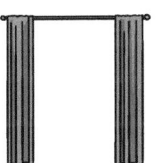

窗簾
ຜ້າມ່ານ

餐桌
ໂຕະ

椅子
ຕັ່ງນັ່ງ

搖椅
ຕັ່ງນັ່ງແບບໂຍກໄດ້

扶手椅
ຕັ່ງນັ່ງທີ່ມີບ່ອນວາງແຂນ

書
ໜັງສື

毯子
ຜ້າຫົ່ມ

裝飾品
ຂອງຕົກແຕ່ງ

木柴
ຟືນ

電影
ຮູບເງົາ

高傳真音響
ເຄື່ອງສຽງລະບົບໄຮໄຟ

鑰匙
ກະແຈ

報紙
ໜັງສືພິມ

油畫
ການແຕ້ມຮູບ

海報
ໂປສເຕີ

收音機
ວິທະຍຸ

筆記本
ແຜນບັນທຶກ

吸塵器
ເຄື່ອງດູດຝຸ່ນ

仙人掌
ຕົ້ນກະບອງເພັດ

蠟燭
ທຽນໄຂ

客廳 - ຫ້ອງຮັບແຂກ

廚房

ຫ້ອງຄົວ

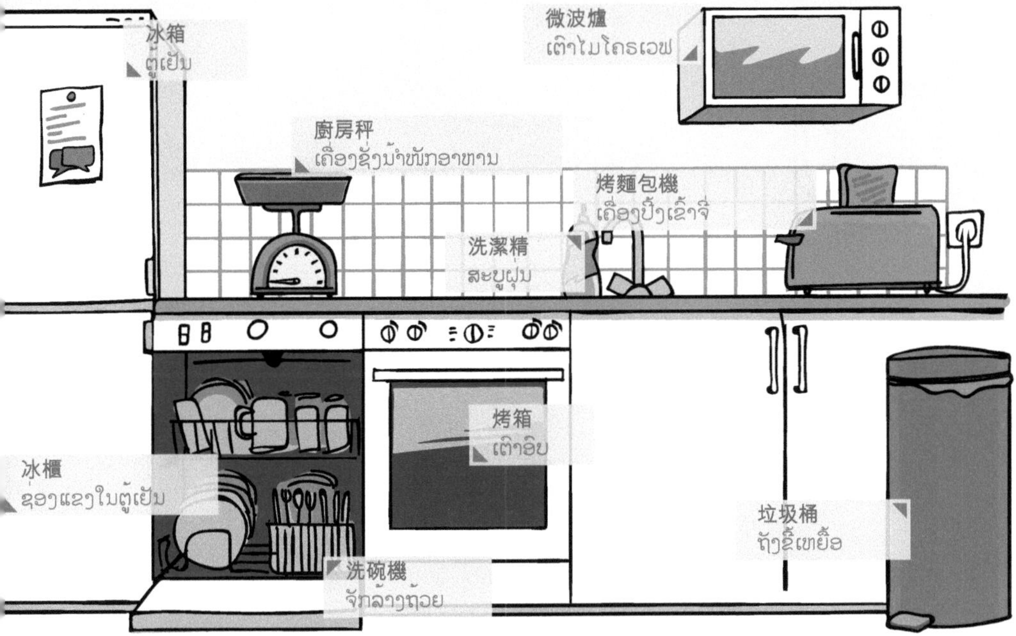

冰箱
ຕູ້ເຢັນ
微波爐
ເຕົາໄມໂຄຣເວຟ
廚房秤
ເຄື່ອງຊັ່ງນ້ຳໜັກອາຫານ
烤麵包機
ເຄື່ອງປີ້ງເຂົ້າຈີ່
洗潔精
ສະບູຝຸ່ນ
烤箱
ເຕົາອົບ
冰櫃
ຊອງແຂງໃນຕູ້ເຢັນ
垃圾桶
ຖັງຂີ້ເຫຍື້ອ
洗碗機
ຈັກລ້າງຖ້ວຍ

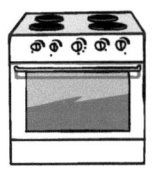

炊具

ໝໍ້ຕົ້ມ

鍋

ໝໍ້

鑄鐵鍋

ໝໍ້ເຫຼັກຫຼໍ່

炒鍋

ໝໍ້ກະທະຈືນ

平底鍋

ໝໍກະທະກົ້ນແບນ

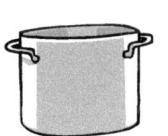

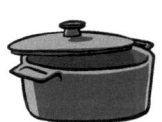

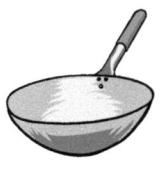

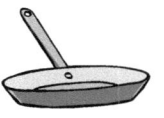

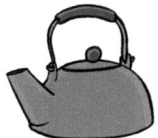

水壺

ກາຕົ້ມນ້ຳ

蒸鍋

ໝໍ້ໄອນ້ຳ

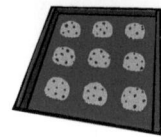

烤盤

ຖາດອົບ

陶瓷鍋

ເຄື່ອງຖ້ວຍຊາມ

馬克杯

ຈອກຫູມ

碗

ຖ້ວຍ

筷子

ໄມ້ທູ່

長柄勺

ຈອງດ້າມຍາວ

鏟子

ຕະຫຼິວ

攪拌器

ເຄື່ອງຕີໄຂ່

濾網

ກະຊອນ

篩子

ເຄື່ອງຮ່ອນ

磨碎機

ເຫຼັກຂູດ

研缽

ຄຶກ

燒烤

ບາບິຄິວ

明火

ແຄມໄຟກາງວ

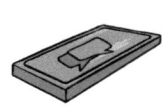

菜板

ຂຽງ

擀麵杖

ໄມ້ນວດແປ້ງ

開瓶器

ເຫ້ຼກໄຂຄອມແກ້ວ

罐子

ກະປ໋ອງ

開罐器

ເຄື່ອງເປີດກະປ໋ອງ

隔熱手套

ຖົງມືຈັບຂອງຮ້ອນ

水槽

ອ່າງລ້າງຈານ

刷子

ແປງ

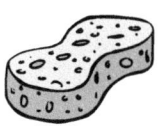

海綿

ຟອງນ້ຳ

攪拌機

ເຄື່ອງປັ່ນ

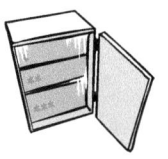

冷藏箱

ຕູ້ແຊແຂງ

奶瓶

ຂວດນົມ

水龍頭

ກ໊ອກນ້ຳ

浴室

ຫ້ອງນ້ຳ

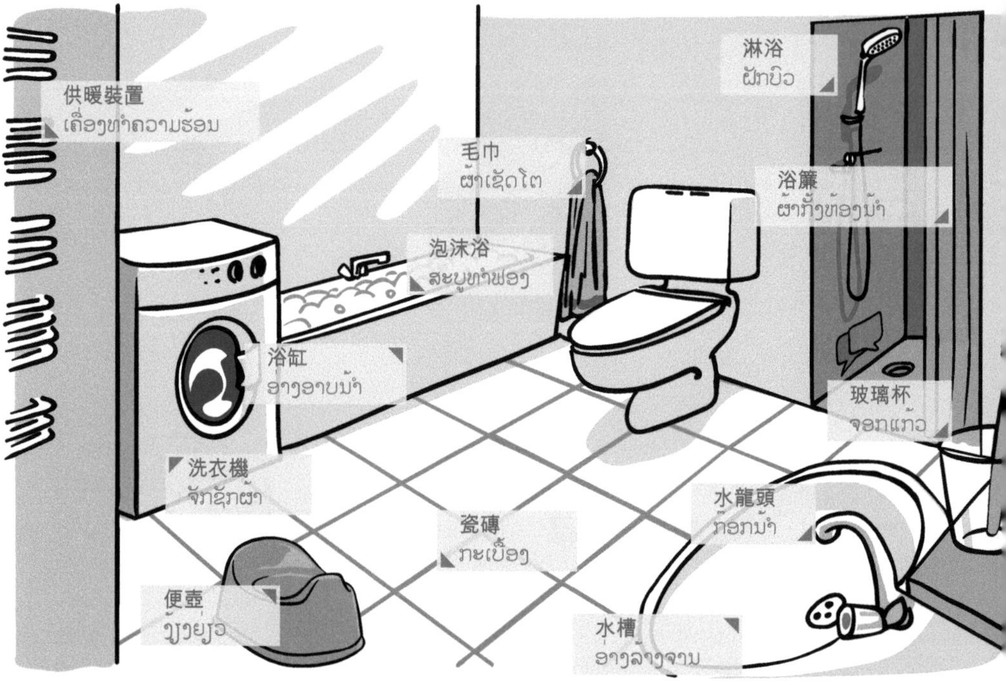

供暖装置
ເຄື່ອງທຳຄວາມຮ້ອນ
毛巾
ຜ້າເຊັດໂຕ
淋浴
ຝັກບົວ
浴簾
ຜ້າກັ້ງຫ້ອງນ້ຳ
泡沫浴
ສະບູທຳຟອງ
浴缸
ອ່າງອາບນ້ຳ
玻璃杯
ຈອກແກ້ວ
洗衣機
ຈັກຊັກຜ້າ
水龍頭
ກ໊ອກນ້ຳ
瓷磚
ກະເບື້ອງ
便壺
ຽ້ວຍ່ຽວ
水槽
ອ່າງລ້າງຈານ

廁所

ຫ້ອງສ້ວມ

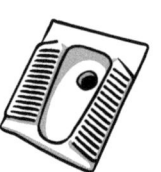

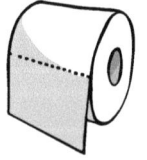

蹲便器

ໂຖສ້ວມແບບນັ່ງຍອງ

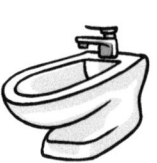

坐浴器

ໂຖຍ່ຽວຂອງຜູ້ຍິງ

小便斗

ໂຖຍ່ຽວຂອງຜູ້ຊາຍ

廁紙

ກະດາດຊຳລະທີ່ໃຊ້ໃນຫ້ອງນ້ຳ

馬桶刷

ແປງຂັດຫ້ອງນ້ຳ

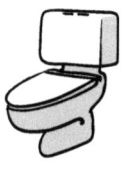

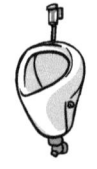

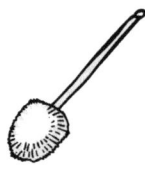

牙刷
แปງສີຟັນ

牙膏
ຍາສີຟັນ

牙線
ໄຫມຂັດແຂ້ວ

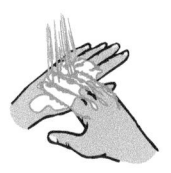

洗
ລ້າງ

手持式蓮蓬頭
ຝັກບົວອາບນ້ຳທີ່ໃຊ້ມືຈັບ

沖洗器
ເຄື່ອງສິດລ້າງ

洗臉盆
ອ່າງລ້າງໜ້າ

洗背刷
ແປງຖູຫົວ

肥皂
ສະບູ

沐浴露
ເຈລອາບນ້ຳ

洗髮乳
ແຊມພູ

法蘭絨
ຜ້າຖູໂຕນ້ອຍ

排水
ທໍ່ລະບາຍນ້ຳເສຍ

乳霜
ຄີມ

除臭劑
ຍາດັບກິ່ນ

鏡子

ແອນແຍງ

手鏡

ແອນມື້ຖື

刮鬍刀

ມີດແຖຫນວດ

刮鬍泡沫

ໂຟມແຖຫນວດ

鬚後水

ໂລຊັ່ນບຳລຸຜິວຫຼັງແຖຫນວດ

梳子

ຫວີ

刷子

ແປງ

吹風機

ຈັກເປົ່າຜົມ

噴髮定型劑

ສະເປຂຶດຜົມ

化妝品

ຊຸດເຄື່ອງສຳອາງ

唇膏

ລິບສະຕິກທາສົບ

指甲油

ນ້ຳຢາທາເລັບ

化妝棉

ສຳລີ

指甲剪

ມີດຕັດເລັບ

香水

ນ້ຳຫອມ

洗漱包

ກະເປົ໋ອາບນ້ຳ

凳子

ຕັ່ງສາມຂາ

計重秤

ເຄື່ອງຊັ່ງນ້ຳໜັກ

浴袍

ເສື້ອຄຸມອາບນ້ຳ

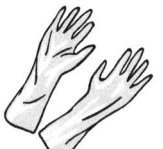

橡膠手套

ຖົງມືຢາງ

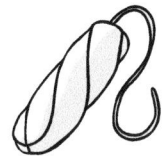

衛生棉條

ຜ້າອະນາໄມແບບສອດ

衛生棉

ຜ້າອະນາໄມ

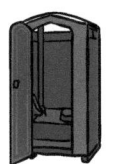

化學廁所

ຫ້ອງນ້ຳເຄມີ

浴室 - ຫ້ອງນ້ຳ

41

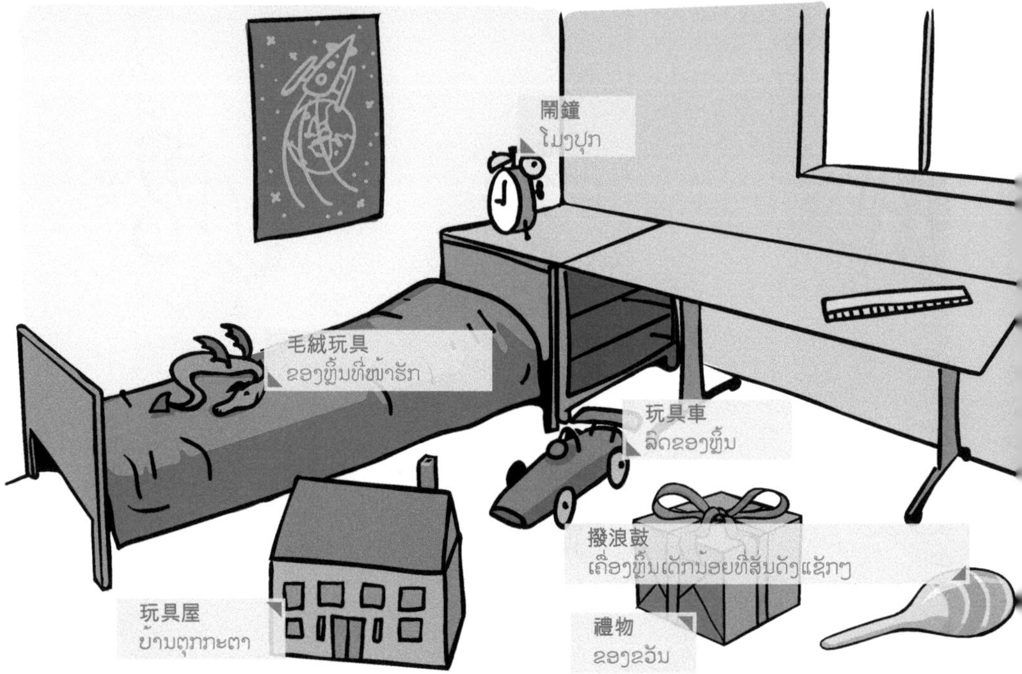

鬧鐘
ໂມງປຸກ
毛絨玩具
ຂອງຫຼິ້ນທີ່ໜ້າຮັກ
玩具車
ລົດຂອງຫຼິ້ນ
撥浪鼓
ເຄື່ອງຫຼິ້ນເດັກນ້ອຍທີ່ສັ່ນດັງແຊັກໆ
玩具屋
ບ້ານຕຸກກະຕາ
禮物
ຂອງຂວັນ

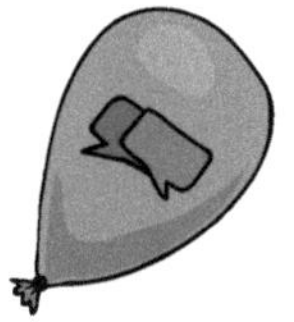

氣球

ໝາກປຸມເປົ້າ

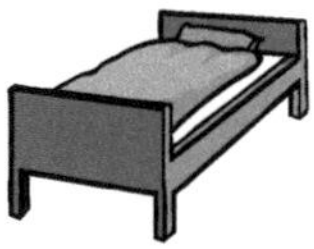

床

ຕຽງ

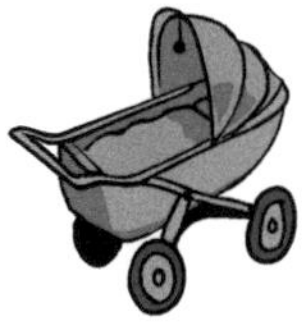

嬰兒車

ລົດຍູ້ເດັກ

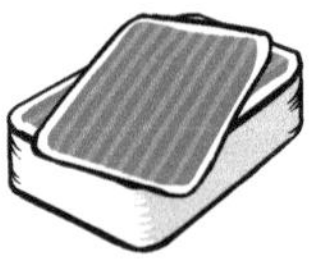

撲克牌

ຊຸມໄພ້

拼圖

ຈິກຊໍ

SUPER MEGA

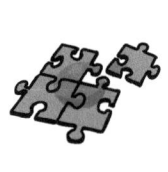

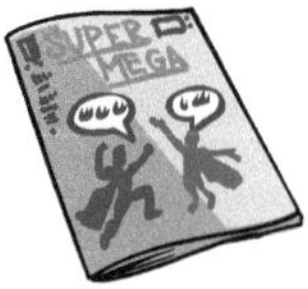

漫畫

ໜັງສືກາຕູນ

樂高積木
ຕົວຕໍ່ເລໂກ້

積木玩具
ບລ໋ອກຂອງຫຼິ້ນ

公仔
ຮູບປັ້ນທີ່ເຄື່ອນໄຫວໄດ້

嬰兒服
ເສື້ອຜ້າເດັກເກີດໃໝ່

飛盤
ຈານບິນ

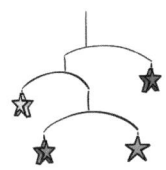

床鈴玩具
ສິ່ງທີ່ແກວ່ງໄປມາແຂວນຢູ່ເທິງຫົວ
ຕຽງເດັກນ້ອຍ

棋盤遊戲
ເກມກະດານ

骰子
ໝາກກະລ໋ອກ

火車模型
ຂຸດລົດໄຟຈຳລອງ

安撫奶嘴
ຮູບທຸມ

派對
ງານລ້ຽງ

繪本
ໜັງສືພາບ

球
ໝາກບານ

洋娃娃
ຕຸກກະຕາ

玩
ຫຼິ້ນ

沙坑
ຂຸມດິນຊາຍສຳລັບເດັກນ້ອຍຫຼິ້ນ

鞦韆
ຊິງຊ້າ

玩具
ຂອງຫຼິ້ນ

電玩遊戲
ເຄື່ອງຫຼິ້ນວິດີໂອເກມ

三輪車
ລົດຖີບສາມລໍ້

泰迪熊
ຕຸກກະຕາໝີ

衣櫃
ຕູ້ເສື້ອຜ້າ

衣服

ເສື້ອຜ້າ

襪子
ລອງເທົ້າ

長襪
ຖົງເທົ້າຍາວຜູ້ຍິງ

緊身褲
ໂສ້ງຢືດແບບເນື້ອ

圍巾
ຜ້າພັນຄໍ

皮帶
ສາຍແອວ

雨傘
ຄັນຮົ່ມ

T恤
ເສື້ອຍືດຄໍມົນ

靴子
ເກີບບູດທ໌

拖鞋
ເກີບແຕະ

運動鞋
ເກີບກິລາ

涼鞋
ເກີບຊ້ຽດຄາມ

鞋
ເກີບ

雨靴
ເກີບບູດຫຍາງ

內褲
ໂສ້ງຊ້ອນໃນ

胸罩
ເສື້ອຊ້ອນໃນ

背心
ເສື້ອກ້າມ

衣服 - ເສື້ອຜ້າ

45

身體
เสื้อรัดทุม

褲子
โສ้งຂາຍາວ

牛仔褲
โສ້ງຍິນ

短裙
ກะโป่ງ

女式襯衫
เสื้อผู้ยິງ

襯衫
เสื้อเຊิด

套頭衫
เสื้อกันขาว

連帽上衣
เสื้อถุมມິฆอก

西裝夾克
เสื้อใຫย่ที่ติดมาใຊ้ງานพิທิກาທิ
ມກົລๆ

夾克
เสื้อแจັກເກ้ัด

外套
เสื้อมอก

雨衣
เสื้อกันฝิน

套裝
เสื้อງแຕ່ງກาย

連衣裙
ກะโป่ງ

婚紗
ຊุดแຕ່ງງาบ

西裝
ເສື້ອສູດ

睡袍
ຊຸດລາຕີ

睡衣
ຊຸດນອນ

莎麗
ຊຸດຊາລິ

頭巾
ຜ້າຄຸມຫົວ

包頭巾
ຜ້າພັນຫົວ

波卡
ເສື້ອບຸຣຫຣາະ

卡夫坦
ເສື້ອຄຸມຄາຟຕານ

(阿拉伯式)長袍
ເສື້ອຄຸມອາບາຢາ

泳衣
ຊຸດລອຍນ້ຳ

男式泳褲
ໂສ້ງໃສ່ລອຍນ້ຳ

短褲
ໂສ້ງຂາສັ້ນ

運動服
ຊຸດອອມ

圍裙
ຜ້າກັນເປື້ອນ

手套
ຖົງມື

鈕扣

ກະດຸມ

眼鏡

ແວ່ນຕາ

手鏈

ປອກແຂນ

項鍊

ສ້ອຍຄໍ

戒指

ແຫວນ

耳環

ຕຸ້ມຫູ

便帽

ໝວກແກ໊ບ

衣架

ກັ້ງແຂນເສື້ອນອກ

帽子

ໝວກ

領帶

ກາລະຫວັດ

拉鍊

ຊິບ

安全帽

ໝວກກັນກະທົບ

背帶

ສາຍໂຍງໂສ້ງ

校服

ຊຸດມັທຍົມ

制服

ເຄື່ອງແບບ

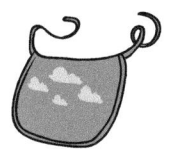

圍兜

ຜ້າກັນເປື້ອນເດັກ

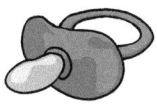

安撫奶嘴

ຮູບຫຸ່ນ

尿布

ຜ້າອ້ອມ

辦公室

ຫ້ອງການ

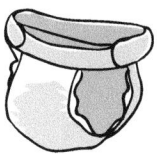

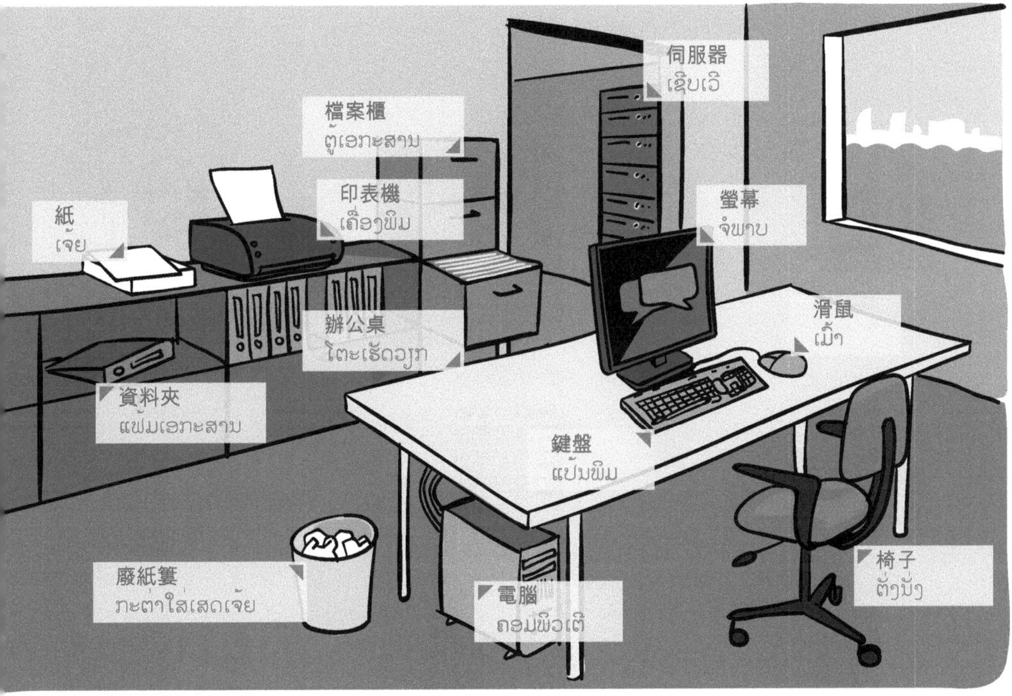

伺服器
ເຊີບເວີ
檔案櫃
ຕູ້ເອກະສານ
印表機
ເຄື່ອງພິມ
紙
ເຈ້ຍ
螢幕
ຈໍພາບ
滑鼠
ເມົ້າ
辦公桌
ໂຕະເຮັດວຽກ
資料夾
ແຟ້ມເອກະສານ
鍵盤
ແປ້ນພິມ
廢紙簍
ກະຕ່າໃສ່ເສດເຈ້ຍ
電腦
ຄອມພິວເຕີ
椅子
ຕັ່ງນັ່ງ

咖啡杯

ຈອກທີນໃສ່ກາເຟ

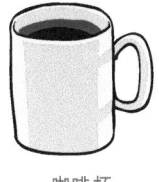

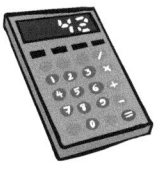

計算機

ເຄື່ອງຄິດເລກ

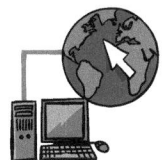

網際網路

ອິນເຕີເນັດ

筆記型電腦

ຄອມພິວເຕີແລັບທ໊ອບ

信件

ຈົດໝາຍ

簡訊

ຂໍ້ຄວາມ

行動電話

ໂທລະສັບມືຖື

網路

ເຄືອຂ່າຍ

影印機

ເຄື່ອງຖ່າຍເອກະສານ

軟體

ຊອບແວ

電話

ໂທລະສັບ

插座

ປັກໄຟ

傳真機

ເຄື່ອງແຟັກ

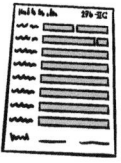

表格

ແບບຟອມ

檔案

ເອກະສານ

買
ຊື້

付錢
ຈ່າຍ

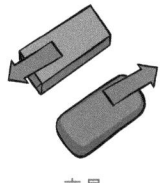

交易
ຄ້າຂາຍ

現金
ເງິນ

美元
ເງິນດອນລາ

歐元
ເງິນຢູໂຣ

日元
ເງິນເຢນ

盧布
ເງິນຣູເບິລ

瑞士法郎
ເງິນຝຣັ່ງສະວິດ

人民幣
ເງິນຢວນເຣິນໜິນບີ້

盧比
ເງິນຣູປີ

提款處
ເຄື່ອງສຳລັບກົດເງິນສົດຈາກທະນ
າຄານ

外幣兌換處

ບ່ອນແລກປ່ຽນເງິນຕາ

金

ທອງຄຳ

銀

ເງິນ

石油

ນ້ຳມັນ

能源

ພະລັງງານ

價格

ລາຄາ

合約

ສັນຍາ

稅金

ພາສີ

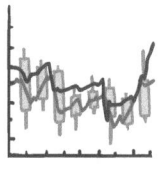

股票

ຫຸ້ນ

工作

ເຮັດວຽກ

職員

ລູກຈ້າງ

老闆

ນາຍຈ້າງ

工廠

ໂຮງງານ

商店

ຮ້ານຄ້າ

職業
ອາຊີບ

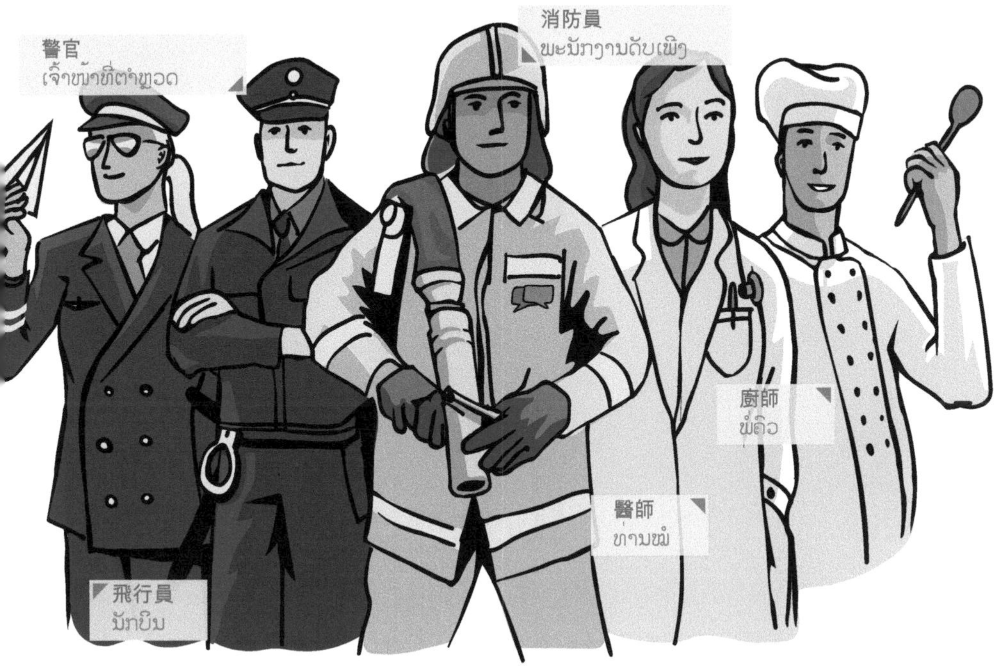

警官
ເຈົ້າໜ້າທີ່ຕຳຫຼວດ
消防員
ພະນັກງານດັບເພີງ
廚師
ພໍ່ຄົວ
醫師
ທ່ານໝໍ
飛行員
ນັກບິນ

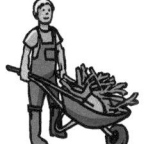

園丁

ຊາວສວນ

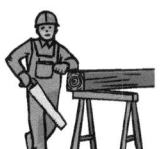

木匠

ຊ່າງໄມ້

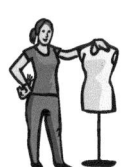

裁縫

ຊ່າງຫຍິບຜ້າທີ່ເປັນຜູ້ຍິງ

法官

ຜູ້ພິພາກສາ

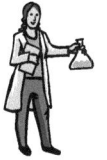

化學家

ນັກເຄມີ

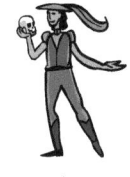

演員

ນັກສະແດງຊາຍ

公車司機

ຄົນຂັບລົດເມປະຈຳທາງ

計程車司機

ຄົນຂັບແທັກຊີ

漁夫

ຊາວປະມົງ

清洗女工

ແມ່ບ້ານທຳຄວາມສະອາດ

屋頂工

ຊ່າງມຸງຫຼັງຄາ

服務生

ຄົນເສີບຂາຍ

獵人

ນາຍພານ

畫家

ຊ່າງທາສີ

麵包師

ຄົນເຮັດເຂົ້າໜົມປັງ

電工

ຊ່າງໄຟຟ້າ

建築工人

ຊ່າງກໍ່ສ້າງ

工程師

ວິສະວິກອນ

屠夫

ຄົນຂາຍຊີ້ນ

水管工

ຊ່າງນ້ຳປະປາ

郵差

ບູລຸດໄປສະນີ

士兵

ທະຫານ

建築師

ສະຖາປະນິກ

收銀員

ພະນັກງານເກັບສິດ

花農

ຄົນຂາຍດອກໄມ້

理髮師

ຊ່າງແຕ່ງຜົມ

售票員

ພະນັກງານກວດປີ້ລົດ

機械技師

ຊ່າງສ້ອມລົດຍົນ

船長

ຜູ້ບັງຄັບການ

牙醫

ທັນຕະແພດ

科學家

ນັກວິທະຍາສາດ

拉比

ພະໃນສາສະຫນາຢິວ

伊瑪目

ຜູ້ນຳຊາວມຸສລິມ

和尚

ຄູບາ

牧師

ນັກບວດ

工具
ເຄື່ອງມື

鐵錘
ຄ້ອນຕີ
鉗子
ຄີມ
螺絲起子
ເຫຼັກໄຂຄວງ
扳手
ຄີມປາກຕາຍ
手電筒
ໄຟສາຍ

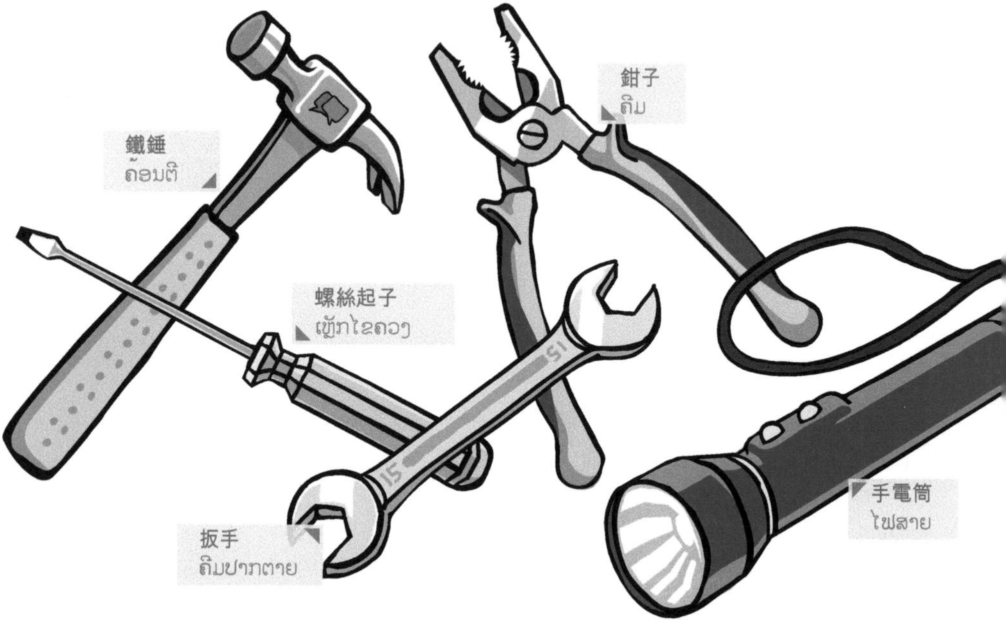

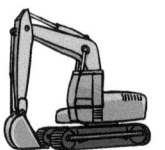

挖掘機

ເຄື່ອງຂຸດ

工具箱

ກັບເຄື່ອງມື

梯子

ຂັ້ນໄດ

鋸子

ເລື່ອຍ

釘子

ຕະປູ

鑽機

ເຫຼັກຊີ

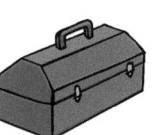

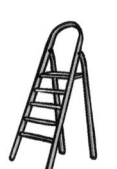

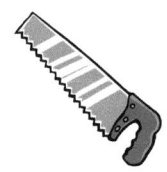

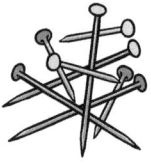

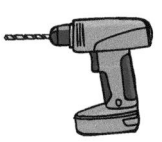

修
ສ້ອມແປງ

鏟子
ຊ້ວານ

糟糕！
ຕາຍຫາ!

畚箕
ຂອງຊ້ວານຂີ້ເຫຍື້ອ

油漆桶
ຖັ່ງສີ

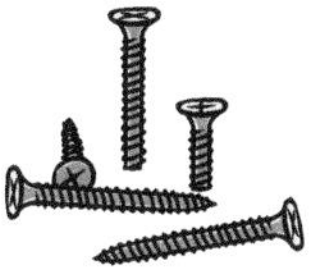

螺絲
ຕະປູກຽວ

樂器
ເຄື່ອງດົນຕີ

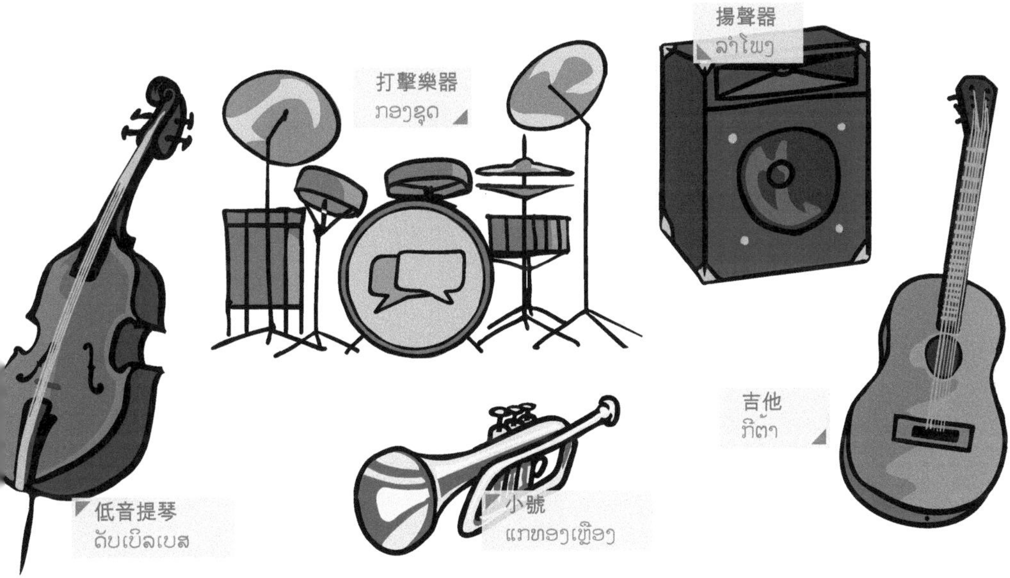

揚聲器
ລຳໂພງ

打擊樂器
ກອງຊຸດ ◢

吉他
ກີຕ້າ ◢

低音提琴
ດັບເບິລເບສ

小號
ແກຫຍຼງເຫຼືອງ

鋼琴
ເປຍໂນ

小提琴
ໄວໂອລິນ

貝斯
ເບສ

定音鼓
ກອງທິມປານີ

鼓
ກອງຊຸດ

電子琴
ຄີບອດ

薩克斯風
ແຊັກໂຊໂຟນ

長笛
ຂຸ່ຍ

麥克風
ໄມໂຄຣໂຟນ

動物園
ສວນສັດ

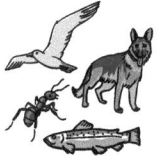

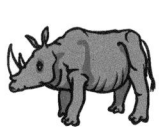

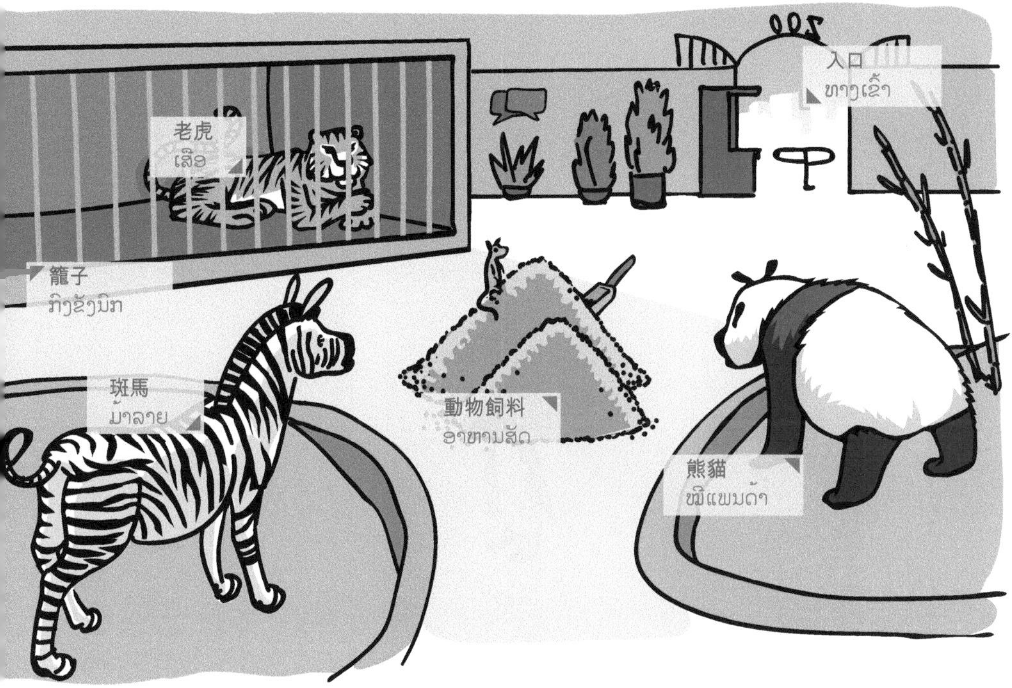

zoo
入口
ທາງເຂົ້າ
老虎
ເສືອ
籠子
ກົງຂັງນົກ
斑馬
ມ້າລາຍ
動物飼料
ອາຫານສັດ
熊貓
ໝີແພນດ້າ

動物

ສັດ

大象

ຊ້າງ

袋鼠

ກັງກາຣູ

犀牛

ແຮດ

大猩猩

ລິງໂທນໃຫຍ່

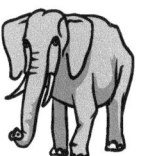

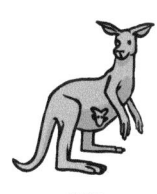

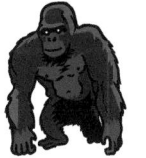

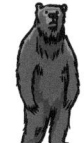

熊

ໝີ

駱駝

ອູດ

鴕鳥

ນົກກະຈອກເທດ

獅子

ສິງໂຕ

猴子

ລິງ

紅鶴

ນົກຟາມິງໂກ

鸚鵡

ນົກແກ້ວ

北極熊

ໝີຂົ້ວໂລກ

企鵝

ນົກເພັນກວິນ

鯊魚

ປາສະຫຼາມ

孔雀

ນົກຍູງ

蛇

ງູ

鱷魚

ແຂ້

動物園管理員

ຜູ້ເບິ່ງແຍງສວນສັດ

海豹

ແມວນ້ຳ

美洲豹

ເສືອດາວ

矮種馬

ມ້າພັນມ້ອຍ

豹

ເສືອດາວ

河馬

ຮິບໂປ

長頸鹿

ໄຕຈິຣາຟ

老鷹

ໜ່ຽວ

野豬

ໝູປ່າຕົວຜູ້

魚

ປາ

龜

ເຕົ່າ

海象

ຊ້າງນ້ຳ

狐狸

ໝາຈອກ

羚羊

ກວາງນ້ອຍ

橄欖球
ອາເມລິກັນຟຸດບອນ

騎腳踏車
ຂີ່ລົດຖີບ

網球
ກິລາເທນນິສ

籃球
ບັສເກັດບອລ

游泳
ກິລາລອຍນ້ຳ

冰球
ກິລາຕີຕິດເດັ່ນນ້ຳແຂງ

拳擊
ຊົກມວຍ

美式足球
ກິລາເຕະບານ

羽毛球
ກິລາຕີດອກປີກໄກ່

田徑
ກິລາປະເພດ ແລ່ນ
ເຕັ້ນແລະແກວ່ງ

手球
ແຮນບອລ

滑雪
ກິລາສະກີ

馬球
ກິລາໂປໂລນ້ຳ

跳 ໂດດ

擁抱 ກອດ

笑 ຫົວ

唱 ຮ້ອງເພງ

走路 ຍ່າງ

祈禱 ໄຫວ້ພະ / ສວດມົນ

親吻 ຈູບ

做夢 ຝັນ

書寫
ຂຽນ

畫
ແຕ້ມ

展示
ສະແດງ

推
ຍູ້

給
ໃຫ້

拿
ເອົາໄປ

有
ມີ

做
ເຮັດ

當
ເປັນ

站
ຢືນ

跑
ແລ່ນ

拉
ດຶງ

丟
ໂຍນ

摔倒
ລົ້ມ

躺
ນອນຢຽດ

等待
ລໍຖ້າ

攜帶
ຖື

坐
ນັ່ງ

穿衣
ແຕ່ງຕົວ

睡覺
ນອນຫຼັບ

醒來
ຕື່ນນອນ

看
ເບິ່ງ

哭
ຮ້ອງໄຫ້

擊
ລູບ

梳頭
ຫວີຜົມ

交談
ລົມ

明白
ເຂົ້າໃຈ

問
ຄຳຖາມ

聽
ຟັງ

喝
ດື່ມ

吃
ກິນ

清理
ຈັດໃຫ້ເປັນລະບຽບ

愛
ຮັກ

做飯
ຖ້ວກິນ

開車
ຮັບລົດ

飛
ບິນ

航行

ແລ່ນເຮືອ

計算

ຄິດໄລ່

讀

ອ່ານ

學習

ຮຽນຮູ້

工作

ເຮັດວຽກ

結婚

ແຕ່ງງານ

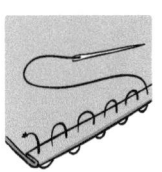

縫

ຫຍິບ

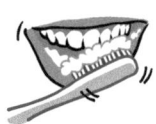

刷牙

ແປງຟັນ

殺

ຂ້າ

抽菸

ສູບຢາ

寄

ສົ່ງ

家
ຄອບຄົວ

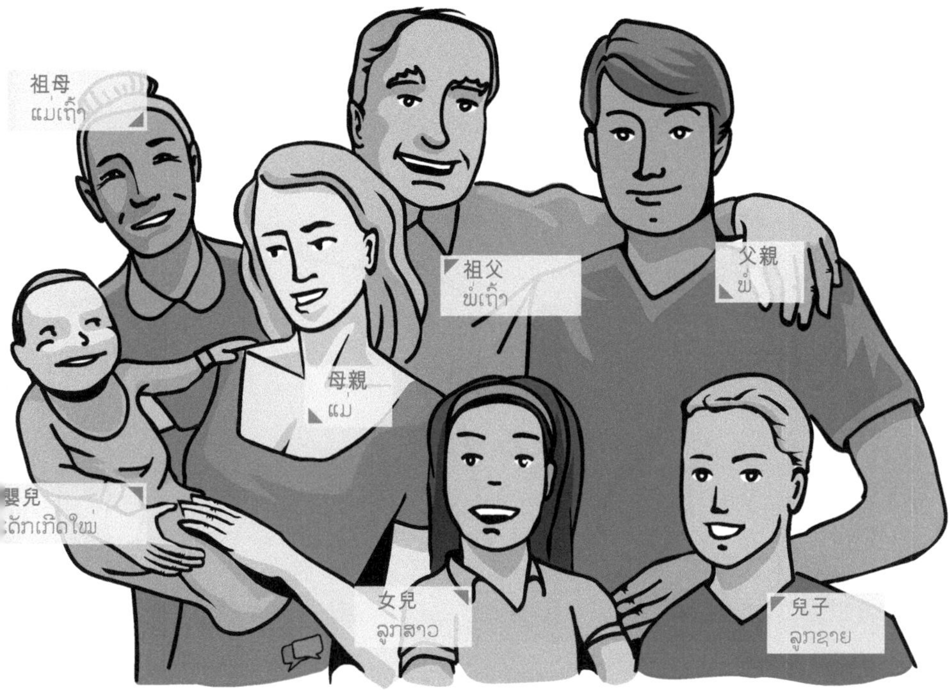
祖母
ແມ່ເຖົ້າ
祖父
ພໍ່ເຖົ້າ
父親
ພໍ່
母親
ແມ່
嬰兒
ດັກເກີດໃໝ່
女兒
ລູກສາວ
兒子
ລູກຊາຍ

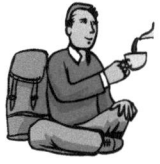

客人
ແຂກ

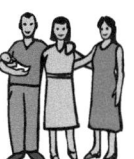

阿姨
ປ້າ

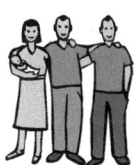

叔叔
ລຸງ

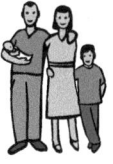

兄弟
ອ້າຍນ້ອງ

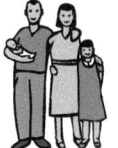

姐妹
ເອື້ອຍນ້ອງ

身體

ຮາງກາຍ

前額
ໜ້າຜາກ
眼睛
ຕາ
臉
ໃບໜ້າ
下巴
ຄາງ
手指
ນິ້ວມື
手
ມື
乳房
ໜ້າເອິກ
手臂
ແຂນ
肩膀
ບ່າໄຫຼ່
腿
ຂາ

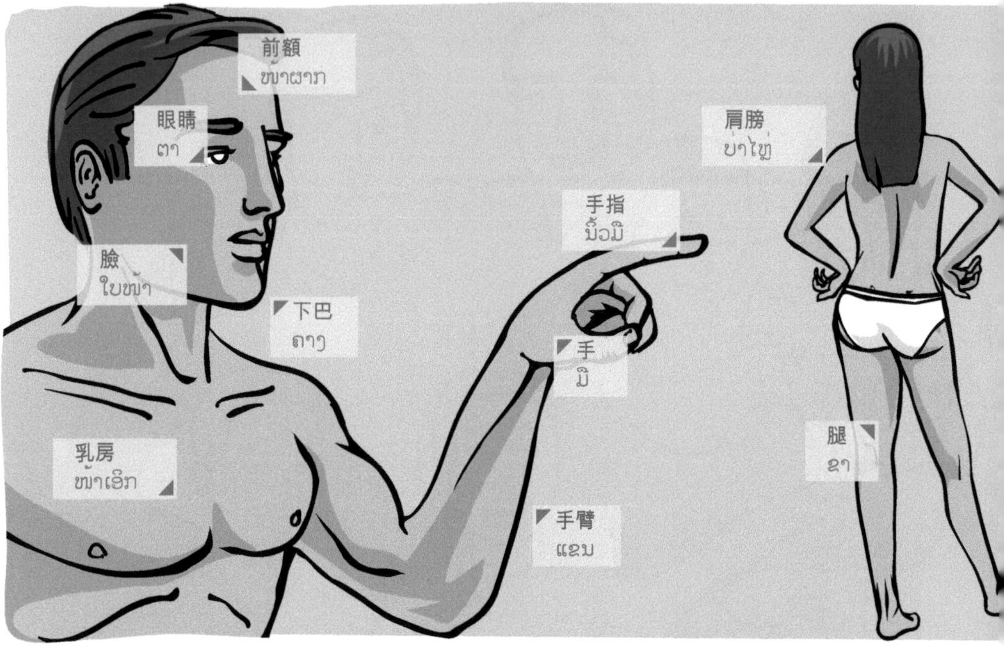

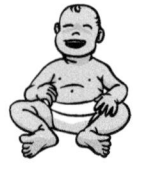

嬰兒

ເດັກເກີດໃໝ່

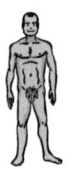

男人

ຜູ້ຊາຍ

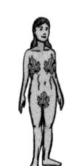

女人

ຜູ້ຍິງ

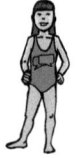

女孩

ເດັກຍິງ

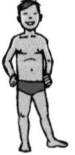

男孩

ເດັກຊາຍ

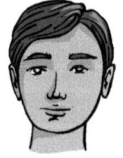

頭

ຫົວ

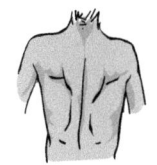

背部
ຫ້ວ

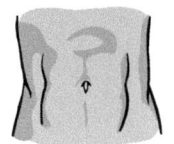

肚子
ທ້ອງ

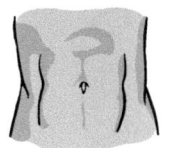

肚臍
ສະບື

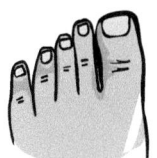

腳趾
ນິ້ວຕີນ

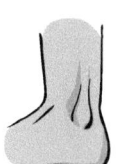

腳後跟
ສ້ນຕີນ

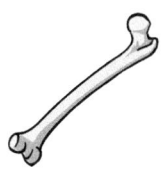

骨頭
ກະດູກ

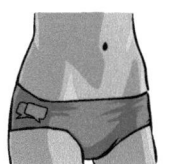

臀部
ກະໂພກ

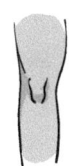

膝蓋
ຫົວເຂົ່າ

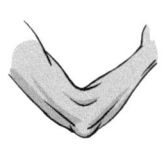

手肘
ແຂນສອກ

鼻子
ດັ້ງ

屁股
ກົ້ນ

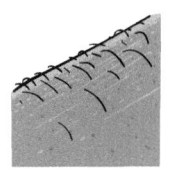

皮膚
ຜິວໜັງ

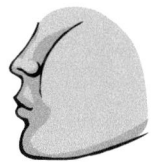

臉頰
ແກ້ມ

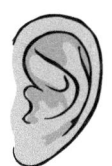

耳朵
ຫູ

嘴唇
ຮິມສົບ

嘴

ປາກ

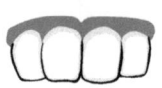

牙齒

ແຂ້ວ

舌頭

ລີ້ນ

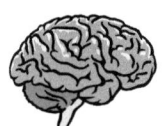

腦

ສະໝອງ

心臟

ຫົວໃຈ

肌肉

ກ້າມເນື້ອ

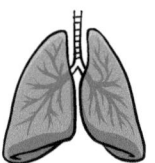

肺

ປອດ

肝臟

ຕັບ

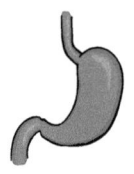

胃

ກະເພາະ

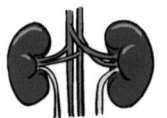

腎臟

ໄຕ

性交

ເພດສຳພັນ

保險套

ຖົງຢາງອະນາໄມ

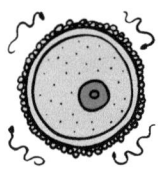

卵子

ເຊລສືບພັນ

精子

ນ້ຳອະສຸຈິ

懷孕

ການຖືພາ

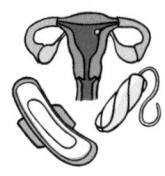

月事

ປະຈຳເດືອນ

陰道

ຊ່ອງຄອດ

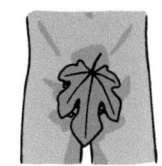

陰莖

ອະໄວຍະວະເພດຊາຍ

眉毛

ຄິ້ວ

頭髮

ເສັ້ນຜົມ

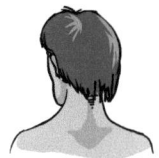

脖子

ຄໍ

醫院
ໂຮງໝໍ

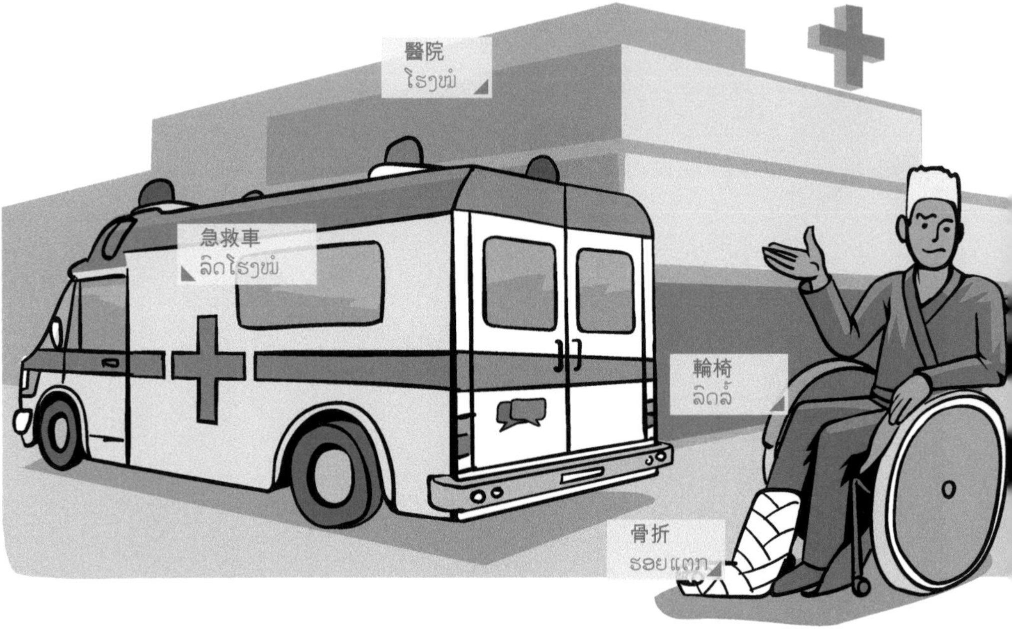

醫院
ໂຮງໝໍ
急救車
ລົດໂຮງໝໍ
輪椅
ລົດລໍ້
骨折
ຮອຍແຕກ

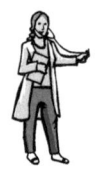

醫師

ທ່ານໝໍ

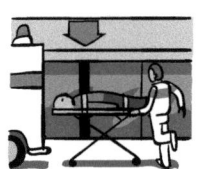

急診室

ຫ້ອງສຸກເສີນ

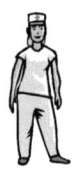

護理師

ພະຍາບານ

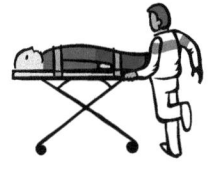

緊急情形

ສຸກເສີນ

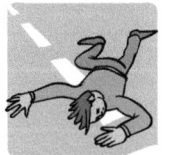

昏迷

ໝົດສະຕິ

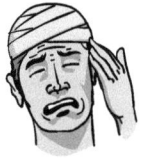

痛

ອາການເຈັບປວດ

受傷
ການບາດເຈັບ

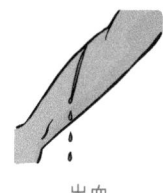

出血
ເລືອດໄຫຼ

心臟病發作
ຫົວໃຈວາຍ

中風
ໂຣກຫຼອດເລືອດໃນສະໝອງ

過敏
ອາການແພ້

咳嗽
ໄອ

發燒
ໄຂ້

流感
ໄຂ້ຫວັດ

腹瀉
ຖອກທ້ອງ

頭痛
ເຈັບຫົວ

癌症
ໂຣກມະເລງ

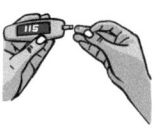

糖尿病
ພະຍາດເບົາຫວານ

外科醫師
ໝໍຜ່າຕັດ

手術刀
ມີດຜ່າຕັດ

手術
ການຜ່າຕັດ

電腦斷層掃描
ເຄື່ອງເອັກສເຣເຣຄອມພິວເຕີ

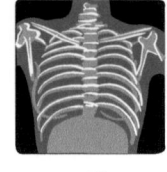

X光
ເອັກສ໌-ເຣ

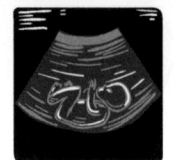

超音波
ອູລຕຣາຊາວ (ultrasound)

口罩
ໜ້າກາກອະນາໄມ

疾病
ພະຍາດ

候診室
ຫ້ອງລໍຖ້າ

拐杖
ໄມ້ຄ້ຳຂີ້ແຮ້

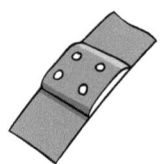

石膏
ຜ້າຢາງຕິດບາດ

繃帶
ຜ້າພັນແຜ

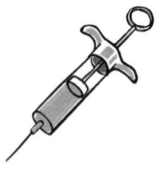

注射
ສັກຢາ

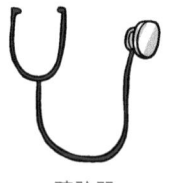

聽診器
ເຄື່ອງຟັງປອດຫຼືຫົວໃຈ

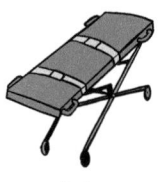

擔架
ເປຫາມຄົນເຈັບ

體溫計
ບາຫຼອດວັດໄຂ້

出生
ການເກີດ

超重
ນ້ຳໜັກເກີນ

醫院 - ໂຮງໝໍ

助聽器

ເຄື່ອງຊ່ວຍຟັງ

消毒液

ນ້ຳຍາຂ້າເຊື້ອ

感染

ການຕິດເຊື້ອ

病毒

ເຊື້ອໄວຣັສ

愛滋病

HIV / ເອດສ໌

藥物

ຢາ

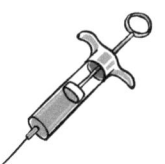

接種疫苗

ການສັກວັກຊິນ

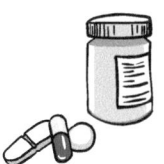

藥片

ຢາເມັດ

藥丸

ຢາເມັດ

急救電話

ໂທອອກສຸກເສີນ

血壓計

ເຄື່ອງວັດຄວາມດັນເລືອດ

生病/健康

ໄຂ້ / ສຸຂະພາບດີ

醫院 - ໂຮງໝໍ

救命！

ຊ່ວຍດ້ວຍ!

警報

ສັນຍານເຕືອນໄພ

突擊

ການທຳຮ້າຍຮ່າງກາຍ

攻擊

ການໂຈມຕີ

危險

ອັນຕະລາຍ

緊急出口

ທາງອອກສຸກເສີນ

失火了！

ໄຟໄໝ້!

滅火器

ບັ້ງດັບເພີງ

意外

ອຸປະຕິເຫດ

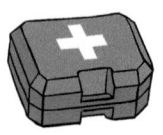

急救箱

ຊຸດປະຖົມພະຍາບານຂັ້ນຕົ້ນ

呼救訊號

ສັນຍານຂໍຄວາມຊ່ວຍເຫຼືອ

員警

ຕຳຫຼວດ

歐洲

ເອີຣົບ

北美洲

ອາເມລິກາເໜືອ

南美洲

ອາເມລິກາໃຕ້

非洲

ອາຟຣິກາ

亞洲

ເອເຊຍ

澳洲

ອອສເຕຣເລຍ

大西洋

ແອດແລນຕິກ

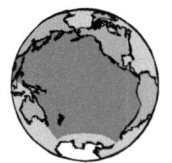

太平洋

ປາຊິຟິກ

印度洋

ມະຫາສະໝຸດອິນເດຍ

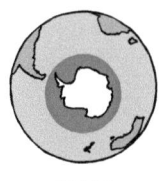

南冰洋

ມະຫາສະໝຸດແອນຕາຕິກ

北冰洋

ມະຫາສະໝຸດອາກຕິກ

北極

ຂົ້ວໂລກເໜືອ

南極
ຂົ້ວໂລກໃຕ້

南極洲
ແອນຕາຕິກາ

地球
ໂລກ

陸地
ດິນ

海
ທະເລ

島
ເກາະ

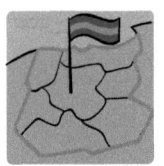

國家
ຊາດ / ປະເທດຊາດ

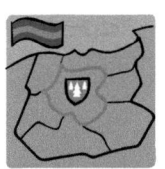

州
ລັດ

錶盤
ໜ້າປັດໂມງ

時針
ເຂັມໂມງ

分針
ເຂັມນາທີ

秒針
ເຂັມວິນາທີ

現在幾點？
ຈັກໂມງແລ້ວ?

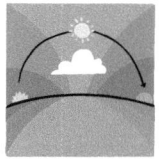

天
ວັນ

時間
ເວລາ

現在
ຕອນນີ້

電子錶
ໂມງດິຈິຕອລ

分
ນາທີ

時
ຊົ່ວໂມງ

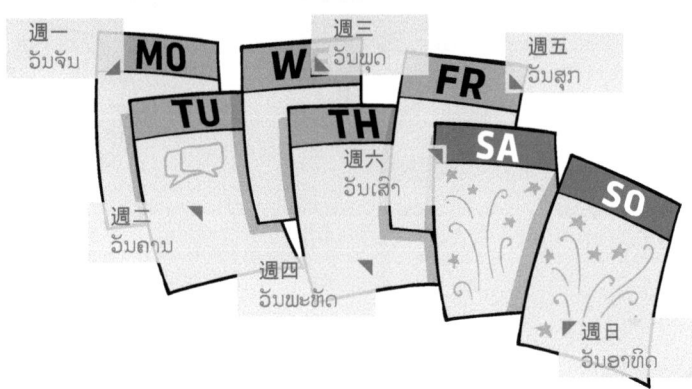

週一　ອັນຈັນ
週二　ອັນຄານ
週三　ອັນພຸດ
週四　ອັນພະຫັດ
週五　ອັນສຸກ
週六　ອັນເສົາ
週日　ອັນອາທິດ

昨天
ມື້ວານນີ້

今天
ມື້ນີ້

明天
ມື້ອື່ນ

早晨
ຕອນເຊົ້າ

中午
ຕອນທ່ຽງ

晚上
ຕອນແລງ

工作日
ອັນເຮັດວຽກ

週末
ທ້າຍສັບປະດາ

年
ປີ

雨
ຝົນຕົກ
彩虹
ຮຸ້ງກິນນ້ຳ
風
ລົມ
雪
ຫິມະ
春
ລະດູໃບໄມ້ປົ່ງ
夏
ລະດູຮ້ອນ
秋
ລະດູໃບໄມ້ຫຼົ່ນ
冬
ລະດູໜາວ

4.APRIL 11°
5.APRIL 4°
6.APRIL 13°
7.APRIL 8°
8.APRIL 10°

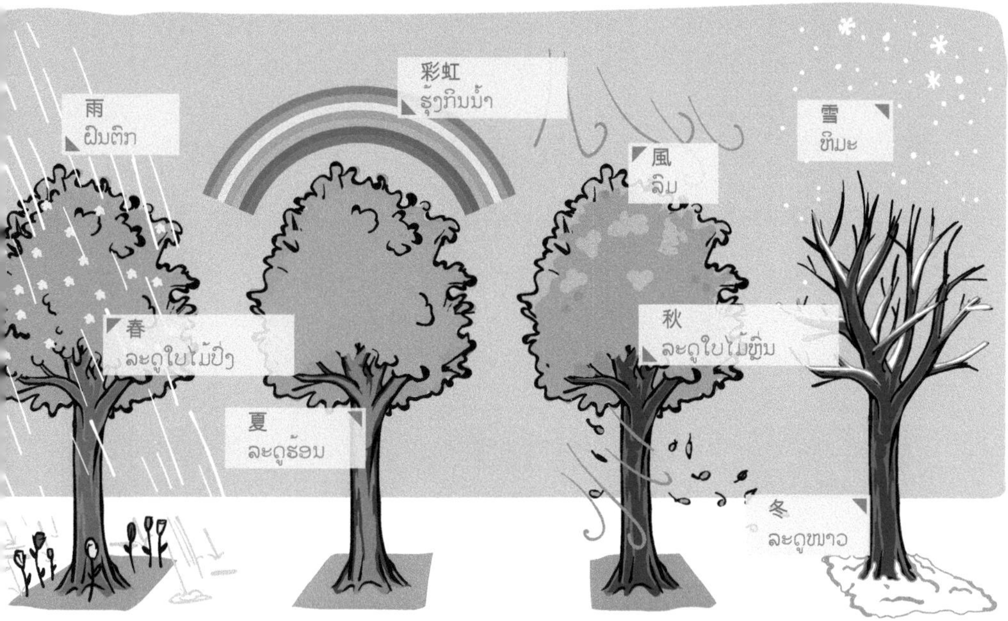

天氣預告

ການພະຍາກອນອາກາດ

F C
120 40
90 30
60 20
30 10
0 0
-30 -10
-20

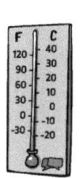

溫度計

ເຄື່ອງວັດອຸນຫະພູມ

陽光

ແສງແດດ

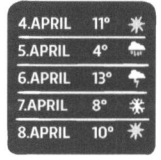

雲

ຂີ້ເຝື້ອ

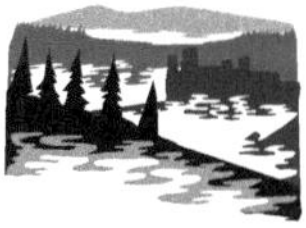

霧

ໝອກ

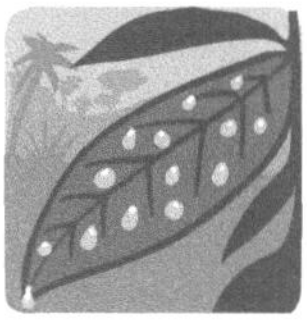

潮濕

ຄວາມຊຸ່ມ

閃電

ສາຍຟ້າແມບ

打雷

ຟ້າຮ້ອງ

風暴

ພະຍຸ

冰雹

ໝາກເຫັບ

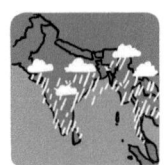

季風

ລົມມໍລະສຸມ

洪水

ນ້ຳຖ້ວມ

冰

ນ້ຳກ້ອນ

一月

ມັງກອນ

二月

ກຸມພາ

三月

ມີນາ

四月

ເມສາ

五月

ພຶດສະພາ

六月

ມິຖຸນາ

七月

ກໍລະກົດ

八月

ສິງຫາ

九月

ກັນຍາ

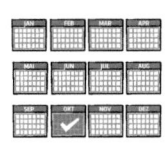

十月

ຕຸລາ

十一月

ພະຈິກ

十二月

ທັນວາ

圓形

ວົງມົນ

正方形

ສີ່ຫຼ່ຽມ

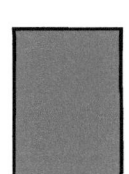

長方形

ຮູບສີ່ຫຼ່ຽມມຸມສາກ

三角形

ສາມຫຼ່ຽມ

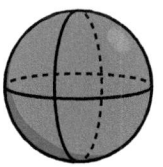

球體

ໜ່ວຍກົມ

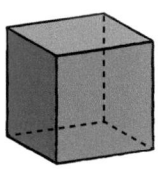

立方體

ຮູບສີ່ຫຼ່ຽມມົນທົນ

白 .... ສີຂາວ	黄 .... ສີເຫຼືອງ	橙 .... ສີສົ້ມ
粉 .... ສີບົວ	紅 .... ສີແດງ	紫 .... ສີມ່ວງ
藍 .... ສີຟ້າ	綠 .... ສີຂຽວ	棕 .... ສີນ້ຳຕານ
灰 .... ສີເທົາ	黑 .... ສີດຳ	

很多/少許

ຫຼາຍ / ນ້ອຍ

生氣/平靜

ໃຈຮ້າຍ / ໃຈເຢັນ

美/醜

ງາມ / ຂີ້ຮ້າຍ

首/尾

ການເລີ່ມຕົ້ນ / ການສິ້ນສຸດ

大/小

ໃຫຍ່ / ນ້ອຍ

明/暗

ແຈ້ງ / ມືດ

兄弟/姐妹

ນ້ອງຊາຍທີ່ອ້າຍ /
ນ້ອງສາວທີ່ເອື້ອຍ

乾淨/骯髒

ສະອາດ / ເປື້ອນ

完整/缺失

ສຳເລັດ / ບໍ່ສຳເລັດ

白天/晚上

ກາງວັນ / ກາງຄືນ

死/生

ຕາຍ / ມີຊີວິດ

寬/窄

ກວ້າງ / ແຄບ

可食用/非食用
ກິນໄດ້ / ກິນບໍ່ໄດ້

邪惡/善良
ຊົ່ວຮ້າຍ / ໃຈດີ

興奮/無聊
ໜ້າຕື່ນເຕັ້ນ / ໜ້າເບື່ອ

胖/瘦
ອ້ວນ / ຈ່ອຍ

第一/最後
ທຳອິດ / ສຸດທ້າຍ

朋友/敵人
ເພື່ອນ / ສັດຕູ

滿/空
ເຕັມ / ວ່າງເປົ່າ

硬/軟
ແຂງ / ນຸ້ມ

重/輕
ໜັກ / ເບົາ

餓/渴
ຄວາມຫິວ / ຄວາມຫິວນ້ຳ

生病/健康
ໄຂ້ / ສຸຂະພາບດີ

非法/合法
ຜິດກົດໝາຍ / ຖືກກົດໝາຍ

聰明/愚笨
ສະຫຼາດ / ໂງ່

左/右
ຊ້າຍ / ຂວາ

近/遠
ໃກ້ / ໄກ

新/舊

ໃໝ່ / ໃຊ້ແລ້ວ

沒有/有些

ບໍ່ມີຫຍັງ / ບາງສ່ວນບາງຢ່າງ

老/幼

ແກ່ / ໜຸ່ມ

開/關

ເປີດ / ປິດ

打開/闔上

ເປີດ / ປິດ

安靜/吵鬧

ງຽບ / ດັງ

富/窮

ຮັ່ງມີ / ຍາກຈົນ

對/錯

ຖືກ / ຜິດ

粗糙/光滑

ບໍ່ລຽບ / ລຽບ

傷心/高興

ໂສກເສົ້າ / ດີໃຈ

短/長

ສັ້ນ / ຍາວ

慢/快

ຊ້າ / ໄວ

濕/乾

ປຽກ / ແຫ້ງ

溫暖/涼爽

ອົບອຸ່ນ / ໜາວເຢັນ

戰爭/和平

ສົງຄາມ / ສັນຕິພາບ

0

零
....
ສູນ

1

一
....
ໜຶ່ງ

2

二
....
ສອງ

3

三
....
ສາມ

4

四
....
ສີ່

5

五
....
ຫ້າ

6

六
....
ຫົກ

7

七
....
ເຈັດ

8

八
....
ແປດ

9

九
....
ເກົ້າ

10

十
....
ສິບ

11

十一
....
ສິບເອັດ

12
十二
ສິບສອງ

13
十三
ສິບສາມ

14
十四
ສິບສີ່

15
十五
ສິບຫ້າ

16
十六
ສິບຫົກ

17
十七
ສິບເຈັດ

18
十八
ສິບແປດ

19
十九
ສິບເກົ້າ

20
二十
ຊາວ

100
百
ພ່ຶງຮ້ອຍ

1.000
千
ພ່ຶງພັນ

1.000.000
百萬
ພ່ຶງລ້ານ

英語
ພາສາອັງກິດ

美式英語
ພາສາອັງກິດແບບອາເມລິກັນ

普通話
ພາສາຈີນແມນດາຣິນ

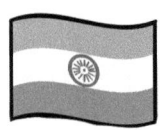

印地語
ພາສາຮິນດິ

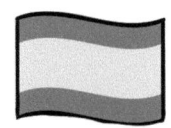

西班牙語
ພາສາສະເປນ

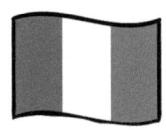

法語
ພາສາຝຣັ່ງເສດ

阿拉伯語
ພາສາອາຣັບ

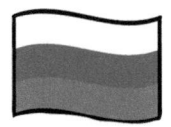

俄語
ພາສາຣັດເຊຍ

葡萄牙語
ພາສາປ໊ອກຕຸຍການ

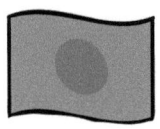

孟加拉語
ພາສາແບງກາອລ

德語
ພາສາເຢຍລະມັນ

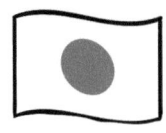

日語
ພາສາຍີ່ປຸ່ນ

我
ຂ້ອຍ

你
ເຈົ້າ

他/她/它
ລາວ (ຜູ້ຊາຍ) / ລາວ (ຜູ້ຍິງ) / ມັນ

我們
ພວກເຮົາ

你們
ພວກເຈົ້າ

他們
ພວກເຮົາ

誰？
ໃຜ?

什麼？
ແມ່ນຫຍັງ?

如何？
ແນວໃດ?

何處？
ຢູ່ໃສ?

何時？
ເມື່ອໃດ?

名字
ຊື່

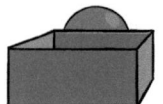

後面
ຢູ່ທາງຫົວ

裡面
ໃນ

前面
ຢູ່ທາງໜ້າ

上方
ເໜືອກວ່າ

上面
ຢູ່ເທິງ

下麵
ຢູ່ກ້ອງ

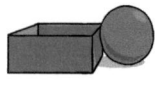

旁邊
ທາງຂ້າງ

中間
ຢູ່ລະຫວ່າງ

地點
ສະຖານທີ່